発想力

「0から1」を生み出す15の方法

大前研一
Ohmae Kenichi

小学館新書

新書版まえがき

〝AIにできないこと〟をやれ——「人生100年時代」に何をどう学ぶか

〝人間が負ける〟時代がやってくる

ＡＩ（人工知能）の進化が止まらない。時々刻々、ＡＩに関する新しいニュースや情報が流れてくる。チェス、将棋、碁などで人間を超えたＡＩは、今や車の自動運転技術、工場の生産管理や在庫管理、コールセンターの受け答え、各種マーケティング、百貨店やスーパーマーケットの発注作業など様々な分野で利用され、絵画の制作や作曲もできるようになっている。

そして2040年代には、ＡＩが人間の脳を超えて我々の生活に計り知れない変化をもたらす「シンギュラリティ（技術的特異点）」が訪れるとされる。いま人間がやっている仕事の大半がＡＩやロボットに置き換えられてしまう、という予測である。知識や情報やデータの収集・蓄積・分析に関して人間はＡＩには絶対にかなわないからで、実際、すでに今、そうなりつつある。

したがって、シンギュラリティ到来後の世の中では、従来のように「答え」を覚えているだけの人間は不要になる。自分の頭で人とは違う新しいことを考え、ブレークスルーを見出せる人間だけが生き残るのだ。

教育の最前線は「知識」から「発想」へ

すでに世界の教育では、シンギュラリティを見据えた「シー・チェンジ（大転換）」が起きている。

たとえば、「国際バカロレア（ＩＢ／国際バカロレア機構が提供する国際的な視野を持った人材を育成する教育プログラム）」では、発想力や創造力、構想力の開発が教育の核になっている。

私が創業して会長を務めているビジネス・ブレークスルー（ＢＢＴ）が運営する幼児教育から高校までの一貫校「アオバジャパン・インターナショナルスクール」は、国際バカロレアの初等教育プログラム（PYP／3～12歳）、中等教育プログラム（MYP／11～16歳）、ディプロマプログラム（DP／16～19歳）すべての認定校で、DP（高校）の卒業生は国際的に通用する大学受験資格を獲得できる。

アオバジャパン・インターナショナルスクールが国際バカロレアで培った最先端教育のカギは、「セオリー・オブ・シンキング（思考の理論）」だ。これは「発想学」とも呼ばれている。日本の大半の学校にはこれに対応する科目がないが、何らかの問題に直面した時、それをどのように認識して論理的に考え、どんな解決策を自分で生み出していくか、という思考方法を学ぶものである。

つまり、単に覚えた知識から答えを出すのではなく、自分の頭でゼロから理屈を考えて問題を解決する能力開発を最も重視しているのだ。

この「セオリー・オブ・シンキング」は国際バカロレアの中核的な科目であり、高校2年から2年間教えなければならない。それに関する国際バカロレア機構の基準をクリアするために必要な教師の報酬は高額だが、アオバジャパン・インターナショナルスクールは、その強化に大きな力を注いでいる。ちなみに、同スクールの高校では2018年に13人が卒業し、うち9人が国際バカロレアの資格を満たして「インペリアル・カレッジ・ロンドン」など国内外の一流大学に直接合格している。

必要なのは「対AI競争力」

その一方で、日本の文部科学省教育は未だに知識偏重だ。たとえば、２０２２年度から実施予定の高校の学習指導要領改訂案には「知識の理解の質をさらに高め、確かな学力を育成」「知・徳・体にわたる『生きる力』を子供たちに育む」といった美辞麗句が並んでいる。だが、その内容は21世紀の世の中にまったく対応できていない。

企業が新商品を開発する場合、まず取りかかるのは「どんな商品を作りたいのか」というコンセプトを固めることだ。つまり、どのような設計をして、どんな機能を持たせ、最終形をどうするかということである。それを決めてから、そのために必要なものとそこに至るまでのプロセスを考える。

教育も同じである。最初に「どんな日本人を作りたいのか」というコンセプトを固めなければ、どのような教育をすればよいのかわかるはずがない。ところが、今回の改訂案は

「社会で求められる資質・能力を全ての生徒に育み、生涯にわたって探究を深める未来の創り手として送り出していくことがこれまで以上に求められる」とあるだけで、あまりにも抽象的かつ時代遅れである。そういうお粗末な代物に基づいてカリキュラムや教科・科目を小手先でマイナーチェンジしたところで、何の意味もない。

これまで学習指導要領の改訂は約10年に一度のペースで行なわれてきた。今回の高校の改訂案は、今から4年後に使用を開始する予定なので、現在の小学5年生からそれに沿って学ぶことになる。彼らが35歳くらいで最も仕事で活躍すると考えれば、それは2040年代だ。つまり、まさにシンギュラリティが訪れる時代である。となると、そういう時代に人間にはどんな能力が求められるのか、企業の経営環境や人事環境はどのように変化しているのかを考え、それに対応できる能力を持ち、世界で活躍できる人材を育成することが今後の教育における最も重要なテーマになる。

そもそも21世紀は「答えがない時代」である。すでにわかっている答えは、スマートフォンやパソコンで検索すれば、すぐにわかる。シンギュラリティが訪れる2040年代は、その領域が飛躍的に拡大しているだろう。

したがって、予測通り2040年代にシンギュラリティが訪れたら、いま人間がやっている仕事の大半はAIやロボットに置き換えられてしまい、人間でなければできない仕事はクリエイティブな分野や労働集約型の作業などに二極化する。となると、今後はますます発想力や問題解決力が重視される時代になるのは火を見るより明らかであり、皆が一律に元素の周期表を暗記したり、微積分を学んだり、歴史年表を覚えたりしていても、何の役にも立たない。

必要なのは、AIにできないことができる「対AI競争力」なのだ。

何歳でも求められる「0から1」を生み出す力

ところが、今回の学習指導要領改訂案を見る限り、その厳然たる事実を文科省の役人たちはまったくわかっていない。「生きる力を育む」というが、その「生きる力」が未だに「知識(=答えを覚えること)」だと勘違いしている。

しかし、泳ぐ能力がない生物が海に放り込まれたら、溺れて死ぬ。それと同様に、新しい学習指導要領で育った子供たちの多くは教育を終えて社会に出た途端、覚え込んだ知識が役に立たないシンギュラリティの世界に放り出されて野垂れ死にするだろう。それほど罪深い誤った教育をこれからも続けていこうとしているのだ、ということにそろそろ文科省も親たちも気づくべきである。

明治時代の欧米に追いつけ・追い越せから戦後の加工貿易立国、そして高度経済成長期の大量生産・大量消費時代までは、従来の延長線上でひたすら頑張ればよかった。だが、これからの時代は、前述したように、いま人間がやっている仕事の大半がＡＩやロボットに置き換えられてしまう。

しかも「人生１００年時代」と言われ、今や何歳になっても新しいチャレンジやリブート（再起動）、リスタート（再出発）が必要になっている。つまり、学生だけでなく、若手や中堅からベテランまですべての年代で、ＡＩやロボットにはできない「０から１（無から有）」を生む発想力と問題を解決する「セオリー・オブ・シンキング」が求められるのだ。

これまで私は『柔らかい発想』（ＰＨＰ文庫）、『私はこうして発想する』（文春文庫）、

『考える技術』（講談社文庫）など、発想術に関する本を何冊も書いてきた。本書は、私が培ってきた発想術を、よりテクニカルに、ビジネスの具体例を挙げて書いた『「0から1」の発想術』（小学館）を加筆・修正して新書化したものである。

本書を活用し、自分の頭でゼロから問題を解決する力を身につけるために役立てていただければ幸いである。

２０１８年11月　大前研一

【編集部より】新書化にあたっては、事実関係の変更や進展があった箇所を中心に加筆・修正しました。ただし、単行本刊行時の著者の見解や分析を活かすため、一部の統計・指標・図表などの数字や人物の肩書等は、元のままとしています。

発想力

目次

はじめに　――なぜ今「0から1」を生み出す力が重要なのか

一個人が世界を変える時代

新社長の就任挨拶で、よくこんな言葉を聞く。

「前任者を踏襲してつつがなく……」

謙虚な姿勢だと思うかもしれないが、これではリーダー失格である。

なぜなら、リーダーたる者は常に「自分ならどうするか」ということを考えておかなければならないからだ。「前任者を踏襲して……」という台詞《セリフ》は、今まで何も考えていなかったと告白しているに等しい。ビジネスマンなら、自分が目標とするポジションに将来ついた場合を常にイメージしておくべきである。逆に言うと、「その立場になったら考えよう」という行き当たりばったりの姿勢では画期的なアイデアは出てこないし、リーダーになった時、絶対にうまくいかない。

いや自分はリーダーにならなくていい。ましてや社長になるはずがない。そう思っている人が少なからずいるのではないだろうか。

その考え方は間違っている。

かつての高度成長やバブルのような未曾有の好景気はもはやあり得ない。周囲の流れに乗っかっていれば給料が上がった時代は、すでに終わった。世界を見渡しても、難民問題やギリシャ危機などあちこちで問題が起き、ビジネスマンを取り巻く環境は超高速で変化している。

一方では、スタンフォード大学計算機科学の博士課程で同級生だった1973年生まれのセルゲイ・ブリンとラリー・ペイジによって1998年に設立された企業は、瞬く間に世界を席巻した。そう、グーグルだ。グーグル（持ち株会社アルファベット）の時価総額は、20年後の今では日本円にして90兆円にもなっている。

彼らは大企業に属していたわけではない。学生だ。しかも、セルゲイ・ブリンは東欧系ユダヤ人で、ロシアからアメリカに移住してきたマイノリティである。しかし「もし自分が検索サイトを作るなら……」という発想でグーグルを立ち上げ、世界中のインターネット環境を一変させた。一個人が世界を変えたのだ。

言い換えれば、現在の世界は「一個人のイノベーションによって変化する世界」なのである。「アップル」のスティーブ・ジョブズも、「マイクロソフト」のビル・ゲイツも、「アマゾン」のジェフ・ベゾスもそうだ。彼らは「個人」からスタートし、そのイノベーション力で世界を変えた。

つまり、我々ビジネスマンは、一人一人が「個人」として戦わなければいけないのである。組織ではなく、個人で勝負しなければならない時代なのだ。

国民国家の終焉

では、なぜ21世紀初頭の今、イノベーション力が求められているのか。

実は21世紀の世界は、これまで２００年ほど続いた「国民国家（Nation state）」から「地域国家（Region state）」に変貌してきている。さらに突き詰めて考えてみると、富を創出する源泉が「個人」に移ってきている。権力すら国家から個人に移行していると考える人もいる。

たとえば、インドにはハイデラバード（インド中南部・テランガーナ州の州都）という都市がある。市の郊外の広大な敷地に、経済特区ハイテク・シティを建設し、インド国内のＩＴ企業だけでなく、マイクロソフトやグーグル、アナログ・デバイセズなど、世界中のＩＴ企業が集積している。

同じくインド第３の人口を誇るバンガロール（インド南部・カルナータカ州の州都）は、インド・ソフトウエア・テクノロジー・パーク、国際テクノロジー・パーク、エレクトロニクス・シティという３つの大きな工業団地を持ち、「インドのシリコンバレー」と呼ばれている。バンガロール証券取引所は南インド最大の証券取引所だ。

つまり、インドという「国民国家」が前面に出るのではなく、ハイデラバードやバンガロールといった「地域国家」が経済を主導しているのだ。インドは地域国家の集合体とも言えるだろう。近年のインド発展の大きな要因の１つだ。

中国も、実はそうした「地域国家」の集合体だ。一党独裁の中国共産党という建前に惑わされてはいけない。すでに2000年代から、各地の省が独自の権限と戦略を持って動いており、これらの「地域国家」がお互いに刺激を受けながら成長を続けている。

さらに欧米では、傑出した「個人」が地域の繁栄をもたらす段階まで来ている。前述したマイクロソフトのビル・ゲイツしかり、アップルのスティーブ・ジョブズしかり、アマゾンのジェフ・ベゾスしかり。

たとえば、マイケル・デルは19歳の時、わずか1000ドルの資金を元手に、コンピューター会社を起業し、販売店や代理店を介さず、注文生産の製品を直接顧客に販売するというコンピューター業界初の直販制度を構築して、会社を世界に名だたる大企業に育て上げた。それが「デル」だ。同社が拠点を置いているテキサス州中央部のオースティンは、当時、年率20％の急成長を続けていた。マイケル・デルという個人が、地域の繁栄をもたらしたのだ。

いわば、「国＞地域＞個人」という従来の図式からベクトルの向きが逆になり、「個人＞地域＞国」へと変化し続けているのが「今」なのだ。個人個人の創る富や生み出したアイデアが、世界経済に極めて大きな影響を与えているのである。そして現在は、この動きをインターネットがさらに加速しているとも言える。

カラオケ・キャピタリズム

インターネットは何をもたらしたのか？　負の側面は「反復性」だ。情報化社会とは名ばかりで、同じ情報がコピーされ、大量に出回るようになった。

スウェーデンの経済学者ヨーナス・リッデルストラレとシェル・A・ノードストレムは、その著書『成功ルールが変わる！——「カラオケ資本主義」を越えて』（PHP研究所）の中で、現代人は、自分で生み出してもいないのに「カラオケ・キャピタリズム」に乗せられてしまっている、と指摘している。富を稼ぎ出す人間とは、カラオケの外側にいてもパフォーマンスができる人だと説く。つまり、個人のアイデアが最も重要なのだ、と。

インターネットは、まさに「カラオケ・キャピタリズム」の典型だ。SNS（ソーシャル・ネットワーキング・サービス）を使いこなしている、ネット検索に長《た》けている——こうした事例を持ち出して、「自分はITに強い」と勘違いしている人は少なくない。プログラミング言語を駆使して、自分で検索サイトを立ち上げるような〝創造〟をした人間を

「ＩＴに強い」というのだ。ＳＮＳを使いこなす程度で自慢するのは、カラオケ上手と何ら変わらない。伴奏なしのアカペラでも上手に歌えるのか？　問われているのはそういうことなのだ。

そのような時代に、ビジネスマンはどう振る舞うべきか。国が地域や個人に取って代わられるように、ビジネスマンもまた、「会社」に取って代わられるような存在にならなければならない。そうでなければ、生き抜くことすら危ういだろう。

私はビジネスマンが生き抜くために必要な最大のスキルは「０から１を創造する力」、すなわち「無から有を生み出すイノベーション力」だと考えている。

あなたが茨城県の知事だったら……

たとえば、私が創設して学長を務めているオンライン教育の「ビジネス・ブレークスルー（ＢＢＴ）大学大学院」では、現在進行形で起きているビジネスや経済の動きをベースに「もし、私が〇〇の社長だったら……」と考える、「ＲＴＯＣＳ《アールトックス》」（Real Time Online Case Study）というケース・スタディを、在学中に毎週１ケース、２年間で合計１００ケース積み重ねるカリキュラムを行なっている。これは、イノベーション力を磨くための1つの方策だ（本書169ページ参照）。

一方、他のビジネススクールのケース・スタディは古いものが多く、すでにつぶれた会社や吸収合併された会社の事例を含め、答えが出ている問題を扱っている。私が教授を務めていたアメリカのスタンフォード大学でさえ、かなり古い事例を教材にして講義を行なっていた。日本のビジネススクールにいたっては、スタンフォード大学やハーバード大学が5年前、10年前に作った時代遅れのケース・スタディを使っているところが珍しくない。つまりケース・スタディと言いながら、最初から「解」がある事例を扱っているのだ。

しかし、企業を取り巻く環境は超高速で変化している。10年前の正解が今の「解」とは限らない。今の時代は、過去の事例を学んでもビジネスの現場では役に立たないことが多いのだ。ケース・スタディは、まだ答えが出ていないリアルタイムの〝生きた事例〟を対象にして「もし、私が○○の社長だったら……」と、その人の立場で考え続けていなければ、実践的な問題解決能力を身につけることはできない。

ただし、リアルタイムのケース・スタディは、決して「解」を見つけることが目的ではない。自分自身で情報を収集し、取捨選択し、分析し、事実に基づいた考察を重ねて「自分なりの結論を導き出す」能力を磨くことが重要なのであり、それを何度も繰り返すことによって発想力・問題解決力がついていくのである。

では、リアルタイムのケース・スタディとは、具体的にどのようなトレーニングをすればよいのか？

試しに、こんな問いを立ててみよう。

Q　もし、あなたが都道府県魅力度ランキングで6年連続最下位になった茨城県の知事だったら、どのようにして順位を上げるか。

私ならこう考える。

茨城県については納豆や水戸の偕楽園くらいしか思い浮かばない人が多いかもしれないが、実は、ピーマン、白菜、レタス、茄子、蓮根、メロン、鶏卵、マイワシ、サバ類、養殖のアユやエビ類など、全国シェア1位や上位の農畜産物・水産物がたくさんある食材の宝庫だ。それらを全部足して発想してみると、茨城県産の新鮮な食材を活用した〝グルメ県〟というコンセプトが出てくる。ただし、県全体では範囲が広すぎるので、どこか1都市を「地産地消のグルメタウン」として売り出すのがよいだろう。

具体的には、流行のB級グルメではなく、超A級の世界的な料理人を10人連れてきて、ミシュラン星つきクラスのレストランが建ち並ぶ街を造ってしまうのだ。美食の街として有名で世界中からグルメ客を集めているサン・セバスチャン（スペイン・バスク地方）の茨城版である。もし私が茨城県知事だったら、県の魅力度向上策は、この1点に集中する。

トレーニングによって培われる発想力

こうしたケース・スタディの要諦は、アイデアを思いつきで口にするのではなく、基礎データを自分自身で時間をかけて集め、類似例を分析して現状を把握した上で、事実を積み上げて論理を構成すること、そしてさらに、その論理から自分の想像力を駆使して発想を飛躍させることである。このトレーニングを何度も何度も繰り返すことで、自分に役割が回ってきた時に、自然と問題解決とイノベーションの発想が出てくるのだ。

グーグルの共同創業者セルゲイ・ブリンの例が教えてくれているように、ビジネスのチャンスはあなたの外側にあるのではない。あなたの内側——すなわち〝発想〟にこそあるのだ。極端なことを言えば、あなたが変われば世界は変わる。

私は「無から有を生み出すイノベーション力」を本気で身につけたい人のために、以下の11の考え方を紹介したい。

①戦略的自由度／ＳＤＦ（Strategic Degrees of Freedom）
②アービトラージ（Arbitrage）
③ニュー・コンビネーション（New Combination）
④固定費に対する貢献（Contribution to the fixed cost）
⑤デジタル大陸（Digital Continent）時代の発想
⑥早送りの発想（Fast-Forward）
⑦空いているものを有効利用する発想（Idle Economony）

⑧中間地点の発想（Interpolation）
⑨RTOCS／他人の立場に立つ発想（Real Time Online Case Study）
⑩すべてが意味することは何？（What does this all mean?）
⑪構想（Kousou）

これは、自分の限界を突破して0から1を生み出すための「大前流イノベーティブ思考の原点」と言える。今の思考から一段高いところへ、ジャンプするのだ。〝思考の飛躍〟である。

このあと本編では、発想法ごとに詳細な解説を行なっていく。みなさんが本書を読み終え、思考することで、猛烈なスピードで変化する現代社会を生き抜いていく「0から1」の発想力を身につけていくことを希望する。

大前研一

基礎編

「0から1」を生み出す11の発想法

1

戦略的自由度／SDF
(Strategic Degrees of Freedom)

——消費者のニーズを正しくとらえるために

シャープが傾いた理由

発想力・イノベーション力を身につけるために、手始めに「戦略的自由度（SDF＝Strategic Degrees of Freedom）」という発想法を学んでいこう。

戦略的自由度を真っ先に学ぶ理由は、これが「ユーザー側に立った発想」という点で、すべての基本になるからだ。実は、それをないがしろにしていたせいで、存亡の機に直面している企業がある。戦略的自由度の説明をする前に、まずはこの企業のケースを見ていこう。

その企業とは、経営危機に陥って台湾の鴻海《ホンハイ》精密工業に買収された「シャープ」である。

一時は液晶テレビの国内シェア80％を占めていた、かつてのリーディング・カンパニーだ。

２０００年代はシャープの時代だった。

２００１年に商品化された液晶テレビ「ＡＱＵＯＳ」の人気も手伝って、２００２年度に２兆円ほどだった売上高は、その５年後の２００７年度には、約１・５倍の３兆４１７７億円へと急拡大した。２００４年１月には液晶を製造する総投資額１０００億円の亀山第１工場が稼働する。

シャープは、事業の軸足を液晶テレビに移していった。その結果、２００２年に売上高約８５０億円、出荷台数が約90万台だった液晶テレビは、２００６年には、売上高約６１３５億円、出荷台数約６０３万台となった。同年、亀山第２工場が動き出す。「亀山モデル」という言葉が世間を賑わせていたのはこの頃である。シャープ絶頂の時と言ってよいだろう。

ところが、２００８年秋のリーマン・ショックで状況は一変する。韓国メーカーや台湾メーカーの液晶パネル工場への過剰な設備投資や世界的不況など、さまざまな要因が複合的に重なって、液晶パネルは年率30％の価格下落に見舞われてしまう。

しかも「亀山モデル」は、もはやブランドではなくなっていた。シャープの液晶テレビは、機能、品質、ブランド力などで競合する商品との差別化が困難になり、消費者に価格だけで選択されるようになってしまった。いわゆる「コモディティ化（汎用化）」だ。

ここに、技術を過信してきた企業の病巣がある。

シャープの経営陣が当時胸を張っていたように、亀山モデルの技術は、韓国や台湾の液晶テレビを凌駕していたかもしれない。しかし、それはユーザーが選ぶ際の他社製品との「差異」になるかと言えば、必ずしもそうではない。技術的には優れていても、ユーザーから見た時に差を感じられなければ、それは「差異」ではないのだ。

ところが技術者は、技術の差を「差異化」だと思い込んでしまうという間違いを犯しやすい。しかし、価値に反映できない（ユーザーから見ればどうでもよい）技術は、「差異化」とは言わない。結果、「ブランド化」することができないので、値下げ競争に巻き込まれていく。

そしてシャープは大赤字に転落し、鴻海精密工業に救済を求めざるを得ないところまで追い込まれてしまった。

ユーザーが求めているもの

ブランドとは、価格に反映できる「価値」がある、ということだ。逆に言えば、そういう「価値」のないワン・オブ・ゼムになってしまったら、ブランドではなく、単なる商品群の1つに成り下がる。ところがシャープは、亀山モデルに特別な「価値」があると錯覚してしまった。周囲が評したのではなく、自ら「世界の亀山モデル」と喧伝《けんでん》し始めたのがその証左だ。

液晶テレビは、人間の目が認識できる解像度（0・1㎜）を上回るまでに高性能化してしまった。そのため、人々は商品の差異に気づかない。だから大半のユーザーは、解像度よりも価格で商品を選んでいる。つまり、コモディティ化して競合する商品との差別化が困難になった領域においては、日本的なコスト積み上げ方式で競争した場合、価格を維持できる差別化はできないのだ。シャープが訴えた「画質の美しさ」なども、消費者は海外メーカーとの大きな差異を認めなかったのである。

ここで戦略的自由度の考え方が必要になってくる。

戦略的自由度とは、戦略を立案すべき方向の数のことである。具体的には、ユーザーの目的を満足させる方法をできるだけたくさん抽出し、その中から競争相手が追随できない戦略的に優位になる方策、かつ持続できる方策を講じるということだ。

なぜ戦略的自由度を考察しなければならないかというと、改善の方向が定まらなければ、闇雲に突き進むだけで、時間も費用も無駄になってしまうからである。

そしてもう1つ――ここが最も重要なのだが、「ユーザーを満足させる」という目的を改めて確認する、ということだ。

これは技術者が陥りやすいのだが、往々にして彼らは「自分たちの最高の技術をユーザーに届けることがすべてだ」と勘違いしている。つまり「自分たちがユーザーに何を提供したいか」というところから発想してしまっているのだ。

その象徴的な例が、シャープの液晶テレビである。液晶技術のわずかな優位性を、ユーザーは望んでいるだろうか。そうではないはずだ。企業側の都合や論理を優先する技術先行型の「プロダクトアウト」ではなく、発想の最初に「ユーザーは何を求めているのか」（＝目的関数）という命題を持ってくる「マーケットイン」でなければならない。そして常にこの命題を自らに問い続けるべきなのだ。

「ユーザーは何を求めているのか」を問うのが第一だとすると、第二にやるべきことは、ユーザーの求めに応じるために、どんなやり方があるのかを挙げることだ。目的を達成するいくつかの方法（軸）を設定するのである。この時、技術的に可能なことは、すべて挙げなければならない。そして最後に、軸に沿ってどんなことができるのかを考えればよい。基本的に戦略的自由度という方法は、この3つのステップで進めていく。

最近の成功例を家電製品で挙げれば、ダイソンの「サイクロン掃除機」や「羽根なし扇風機」、あるいはｉＲｏｂｏｔのロボット掃除機「ルンバ」だろう。かつてのソニーの「ウォークマン」も、そうした製品の1つと言える。

コーヒーメーカーの成功例

私がマッキンゼー・アンド・カンパニー時代に、実際にコンサルティングした企業の例は拙著『続・企業参謀』（プレジデント社）でも紹介しているが、非常にわかりやすい例なので、もう一度詳述しよう。

日本の某家電メーカーの話である。このメーカーは、コーヒーメーカーの開発にあたって頭を悩ませていた。当時はGE（ゼネラル・エレクトリック）の「濾過《ろか》方式」とフィリップスの「ドリップ式」の2つが市場に出回っていた。メーカーは両方式を比較・検討した。前者の濾過方式がよいのか、それとも後者のドリップ式がよいのか、大型がよいのか、それとも小型がよいのか。

①濾過方式／大型
②濾過方式／小型
③ドリップ式／大型
④ドリップ式／小型

この4つのどれにするか、という矮小な議論に終始していたのである。ここには、戦略的自由度が存在していない。彼らは「他社より技術的に優れたコーヒーメーカー」を作ろうとしていたが、それはあくまでも手段であって、目的ではない。彼らは目的と手段を混同していた。

その会社のコンサルタントを務めていた私は、ほかに検討すべきことがあると助言した。「ユーザーは何を求めているのか」という視点を持ち込んだのである。

たとえば、なぜコーヒーは飲まれるのか。コーヒーを飲む時、顧客は何を求めているのか。顧客にこれまで以上の価値を提供したいと考えるならば、真っ先にその点を問うべきである。その答えがわかれば、開発のコンセプトも方向性も見えてくる。

行き着いた答えは、単純かつ当たり前のものだった。すなわち「おいしいコーヒー」である。驚くべきことに、当初「濾過方式／大型」など4つのマトリックスで比較・検討していた時には、「おいしいコーヒー」をどうやって淹《い》れるかということは、まったく議論されていなかったのである。ユーザーは置き去りにされていたのだ。

私は続けて尋ねた。

「顧客がおいしいコーヒーを楽しむために、技術者は何ができるか」

これに対して技術者たちは、「おいしいコーヒーが作れるコーヒーメーカーを開発する」と、当然だろうと言わんばかりの表情で答えた。しかし、私が次の質問を続けると、技術者たちは一様に押し黙ってしまった。

「では、コーヒーの味を決める要素は何か」

こうして「コーヒーの味の決め手」を突き止めることが最大の課題になったのである。

私たちは、総力を動員して、味と関係がありそうな全要素をリストアップした。結果、さまざまな要素がコーヒーの味を左右することが判明した。コーヒー豆はもちろん、コーヒー豆の粒径分布、お湯の温度、水質も重要な要素である。

これらの要素は、コーヒーメーカーを設計する技術陣に戦略的自由度を与える。なぜなら、技術陣はあらゆるアプローチを採ることができるからだ。たとえば、コーヒー豆に着目してみよう。品質や鮮度からコーヒー豆の挽《ひ》き方、粒の揃え方、コーヒー豆の投入と熱湯を注ぐタイミングまで、さまざまな工夫ができる。技術者がアイデアを出しやすくなるのだ。

しかし「濾過方式／大型」など4つのマトリックスから選んでいたらどうか。技術開発のアプローチも限定されてしまう。当初、「戦略的自由度が存在していない」と断定したのは、そうした理由だ。

ライバルと比較しても解は出ない

詳細に検討・調査を重ねていった結果、コーヒーの味の一番の決め手は水質であることが判明した。しかし、濾過方式もドリップ式も、当時のコーヒーメーカーは総じて水質にはまったく無頓着で、水道水を使うのが当たり前だった。水質のほかにも、コーヒー豆の粒揃い、豆を挽いてから熱湯を注ぐまでの時間が重要であることを突き止めた。

その一方で、実は豆の産地はあまり味に関係がないことがわかった。ブルーマウンテンのような高級豆でも、コロンビア産の廉価な豆でも、良質の水できちんと焙煎して淹れると、ほとんど違いがわからない。コーヒー通を自称している人でも、当てられないケースがあるくらいだ。ということは、豆はユーザーが好きなものを買えばよい、ということになる。

このような新しい視点からコーヒーメーカーが備えるべき機能を整理していくと、改善点が明らかになった。第一に、カルキ臭を取るための脱塩素機能の内蔵。第二に、コーヒー豆を挽くグラインダーを加えること。この２つの機能を付加して、豆を投入して熱湯を注ぐまでの時間もコントロールすることで、機械でもおいしいコーヒーが楽しめる。濾過方式でもドリップ式でもない第三の道――理想のコーヒーメーカーの方向性が固まったのである。

戦略プランニングでまず肝要なのは、正しい問題と目標の設定である。

コーヒーメーカーの場合も、当初の先行商品の検討からは「おいしいコーヒーを淹れる」という目標設定ができなかった。もし、あのまま先行他社との比較のみで開発を進めていたら、省エネ（電力消費量）や、コーヒーができるまでの時間など、ユーザーがそれほど求めていない技術的な「差異」を出そうとしてしまっただろう。ユーザーが求めている差異が出ない以上、ブランド化は望むべくもなく、最後に残っているのは価格競争だけ、ということになる。それではせっかく新商品を投入しても、企業は疲弊するだけだ。

では、戦略的自由度を確保するためにはどういう問いが有効か。

「ユーザーが求めているものは、何ですか？」

「私たちは、それを十分提供していますか？」

「ユーザーが満足していない部分の原因は何ですか?」
「それを解決するには、どういう方法がありますか?」

これらの問いを、この順番でぶつけていくのがよいだろう。こういった思考の道筋によって、正しいゴールに導かれるのである。

「ユーザーが求めているものは何ですか?」という立ち返るべき根本的な問いを投げかけることで、それまで固まっていた頭をほぐすのである。この問いがなければ、どれほど詳細にライバル製品を分析しても、どれほど費用をかけて市場調査しても、どれほど技術を投入しても、結局、ユーザーが見向きもしない商品を誕生させてしまうという愚を犯しかねないのである。

食洗機の戦略的自由度とは

1つ例題を出そう。

Q　ユーザーが「食洗機」に求めているものは何か。

食器洗いという家事の負担を減らしたい（楽をしたい）。食器洗いの時間や手間をなくしたい（時間の短縮）。こうしたユーザーの購入動機が思いつくだろう。

だが、これだけでは戦略的自由度の軸を立てられない。実際にユーザーが食洗機をどのように利用しているのか、というところまで踏み込む必要がある。

たとえば、花王「生活者研究センター」の「食器洗い乾燥機使用者の意識と行動実態」という調査（２００６年）によると、88％のユーザーが食器の下洗いを実施していることがわかる。なぜなら、ユーザーは「下洗いをして入れないときれいに落ちない」「こびりついた汚れが落ちない時がある」「運転時間がかかりすぎる」という不満を抱えているからである。実際、食事してすぐに食器を食洗機の中に入れて洗い始めると、ご飯粒などが付着して残っている汚れが多く、すべてをきれいにするためには洗剤量も増えるし、時間もかかる。

だからユーザーは、食洗機に家事のストレスを減らしてくれることを期待している。それなのに下洗いの手間がかかったり、汚れが残ったりすれば、それは新たなストレスとなる。ではどうするか。

私が実際に行なった調査では、食洗機にセットした食器を洗い終わったらすぐに使いたい、というユーザーはほとんどいなかった。90％を超えるユーザーが、たとえば夕食で用いた食器は翌朝まで使わない、ということがわかったのだ。いわば、食器棚代わりとしても使っていたのである。

「家事のストレスを減らす」「食器の汚れを落とす」というユーザーの目的をかなえるために私が提案したのは、「食器を一晩中、食洗機の中に浸けておく」という方法だった。食洗機の中に洗剤と食器を入れ、お湯ないし水の中に一定時間浸しておくのである。面倒な下洗いの代わりである。そして時間をずらし、次に使う時に間に合うように食洗機を回すようにする。そうすれば、水の使用量も、洗う時間も節約できるし、ユーザーのストレスもなくなると考えたのである。

こうした戦略的自由度の考え方は、あらゆるものに応用できる。

たとえば、エアコンならば、ユーザーの目的は「快適な室内環境で過ごしたい」ということだろう。ならば、その目的に影響を与える要因は何か？　温度、室内の広さ、湿度などが列挙されるだろう。そうやって製品を向上させるための軸（自由度の方向）を出し、商品の発想につなげていくのである。

洗濯機ならば、掃除機ならば……と練習を兼ね、まずは身の回りの製品で考えてみてほしい。

開発費をかけずアイデアで勝負

私はかつて、製薬会社で戦略的自由度の考え方を用いて薬の開発を行なったことがある。

新薬の開発には、10年以上の歳月を要する。薬の候補化合物が新薬になる率は約1万分の1というデータもあり、1品目あたりの薬の開発費用は数百億円から1000億円以上かかると言われている。TPP（環太平洋経済連携協定）の交渉では新薬データ保護期間をめぐり、できるだけ長くしたいアメリカと短くしたいオーストラリアなどの国家間で長期間にわたって揉めていたが、そこには新薬開発における開発費の高騰とリスクという問題が横たわっていたのである。

私は新薬を開発するにあたって、既存の薬に目をつけた。すでに国内で認められている薬を組み合わせたり、錠剤の形を変更したりしただけの場合は、厚生労働省の認可が得やすいのだ。

そこでまず製薬会社の社員全員に、1年間、自分の身体の異常、不満、不快感、現象を書き出すようにお願いした。社員を「ユーザー」に見立てたのである。これなら費用はかからない。

この全社員1年間のデータを集積してみると、意外なことがわかってきた。実は、病名がつかないような、ちょっとした不快感や不満が非常に多いということだ。頭痛や胃痛というカテゴリーに分類できない症状が大半だったのである。

たとえば、「急に眠気に襲われる」「朝起きたら少しだけクラッときた」「便の通じが悪い」「お腹にガスがたまってオナラがたくさん出る（が、人前なので出せない）」など、病院に行くほどではないけれども不快感や不満が残る——こうした症状に対し、製薬会社は何の薬も用意できていなかったのである。

社員の不快感や不満をまとめ直し、そのデータを新薬の開発部隊に見せると、それらの症状を治すための方法論が簡単にいくつも出てきた。その症状ならばAという薬、そうした不快感を取り除くにはBとCを足せばいい、というようなアイデアがたくさん挙がってきたのである。つまり、材料は足下にあったが、目的関数を見出せていなかったために、ビジネスチャンスを棒に振り続けていたのである。最終的にこの製薬会社は、病院で医師が処方する既存の「医療用医薬品」を組み合わせたりすることで、OTC（Over The Counter）――レジのカウンター越しに薬を販売する「一般用医薬品（大衆薬）」として世に送り出すことにしたのである。

その結果、新しいOTC医薬品（市販薬）が多く誕生し、この製薬会社は多くの利益を得たのだが、ここでのポイントは、この企業はそれまでのような莫大な開発費を使っていない、ということだ。まさにアイデアだけである。

社員の不満を1年間書き出すという作業で「ユーザーの目的」（目的関数）を把握し、それによって戦略的自由度を確保したのである。言葉は悪いが「それだけ」だ。

しかし、逆に言えば、戦略的自由度という発想だけで想像以上の富を得ることが可能なのである。

目的は時代と共に変化する

とはいえ、ユーザーの目的を把握するということは、思った以上に難しい。一人一人の頭が固くなっているので、ユーザーを想像することが難しくなっているのだ。先の製薬会社のケースでは、社員全員に1年間記録をつけさせるという手作業によって、初めてユーザーの目的をつかむことができたのである。

そしてユーザーの目的は、時代によっても変化するということを忘れてはならない。たとえば掃除機。ユーザーの目的は間違いなく、「部屋をきれいにしたい」だろう。その目的関数に最大限応えたのがダイソンの掃除機である。だが、最近の事例で言うと、これに「楽に掃除したい」という目的関数も加わってきた。その要望に応えたのが、iRobotが2002年に発売したロボット掃除機「ルンバ」である。日本では2004年4月に発売されたが、2013年10月末に日本国内での出荷累計台数がロボット掃除機としては初めて100万台を突破した。「楽に掃除したい」という目的関数は間違っていなかったのである。

では、日本の家電メーカーはどうか。悲しいかな、掃除機では「仕事率」や「静音」などのスペック競争に終始して、ロボット掃除機の開発では立ち後れ、「ルンバ」の後追いで発売するしかなかった。技術的には、ロボット掃除機を開発することは難しくなかったはずである。しかし、「楽に掃除したい」というユーザーの目的の変化や進化をとらえきれず、ｉＲｏｂｏｔの後塵を拝してしまったのである。

そもそも日本企業は、目的関数を把握していないところが多い。

たとえば、ある商品が売れたケースを直近１００例ピックアップした時に、いったいユーザーが何を目的に購入したのか、わかっていないのだ。ライバル社との商品と比較する際も、スペック（機能仕様）ばかりに目が行き、目的関数が見えていない。競争相手に勝った理由、負けた理由をユーザーの目的から洗い出していき、それを戦略的自由度へとつなげていくことが肝要なのである。

ここでのポイントは次の3つだ。

①ユーザーの目的を考える。
②目的を達成するいくつかの軸（方法）を設定する。
③軸に沿ってどんなことができるのかを検討する。

「会社として何を提供したいのか」ではなく、「ユーザーはいったい何を求めているのか」と、ユーザー側から発想することが重要だ。ユーザーが求めていること（目的）がわかれば、次にそれを達成するための手段（軸）はいくつあるのか、洗い出す。その手段の軸に沿って、具体的にできることは何かを検討して実施する。これが戦略的自由度の発想方法だ。

だが、誤って理解してほしくないのは、戦略的自由度は「マニュアル」ではないということだ。ポイントの①〜③のステップに沿って、順番にクリアしていけば、それで問題が解決するわけではない。

これは思考が壁にぶつかった時の対処法だ。どうしても良いアイデアが出ない。商品がマンネリ化している。そうした時に「ユーザーは何を求めているのか」と、別の立場から考えてみる。そうすることで頭が新しい発想を展開できるように刺激を与えるのだ。

こうしたトレーニングは、何も自分の業務に限定する必要はない。「自分が○○を売っている会社の商品部長だったら?」「自分が○○のユーザーだったら?」と、多くの事例を自分で演習してみることだ。そうすることで、あなたの発想力は、一段上のレベルに行くことができるだろう。

2 アービトラージ
(Arbitrage)
——情報格差こそビジネスチャンスになる

アジア通貨危機を引き起こしたアービトラージ

「アービトラージ（Arbitrage）」という言葉は、通常は金融取引に用いられる。

日本語では、「裁定取引」や「サヤ取り」と訳されるが、異なる2つの市場の価格差を利用して利益を得ようとする取引のことだ。たとえば、1つの株式市場で株式を購入し、ほぼ同時に別の市場で売却して、その価格差を利益とする取引をアービトラージという。もともとはフランス語だったが、今では英語圏でも用いられている。

金融取引におけるアービトラージの代表的な例は、ジュリアン・ロバートソンによって引き起こされたアジア通貨危機だ。

ジュリアン・ロバートソンは、ジョージ・ソロスやマイケル・スタインハートと並んで、ヘッジファンド草創期の三巨頭と呼ばれている人物だ。彼は1997年、タイの経済を分析していてあることに気づいた。当時のタイ経済はそれほど良い条件が整っていなかったにもかかわらず、通貨のバーツも株も好調だった。

世界中からタイにお金が流れ込んでいるが、タイの実体経済はそこまで良くないのではないか。タイのファンダメンタルズ（経済の基礎的条件）には大きな疑問があるのではないか。ロバートソンはここに「格差」を見た。

そこで彼は、手持ちの資金にレバレッジをかけてタイバーツ売りを仕掛けたのだ。これを「ショートセル」という。バーツの価値が下がれば下がるほど儲かる取引だ。

すると、タイに群がっていた投資家たちは、タイが裸の王様であったことに気づいた。現実に目覚めて慌ててバーツや株を手放したので、為替も株価も急落した。タイ政府が外貨準備を取り崩して必死に買い支えたが、ほどなくして限界が訪れた。ロバートソンの勝ちだった。

結果、タイでは急激な通貨下落が起き、それはインドネシア、韓国などにも飛び火してアジア各国の経済に大きな打撃を与えた。前記3国は、この通貨危機によってＩＭＦの管理下に入ったほどだ。ジュリアン・ロバートソンという「個人」が、アービトラージによってアジア経済を奈落の底に突き落としたのである。この時に傷を負ったアジアの国々は、少なく見積もっても10年は経済が後退しただろう。

実体経済と実際の株価にそれほどギャップがない場合は、こうした売り浴びせはできないが、当時のタイのようにバブルを起こしている場合は、そこに「格差」があるわけだから、ジュリアン・ロバートソンのように手持ち資金の何十倍の規模で売り浴びせれば、バブルに乗っかっていただけの投資家たちの狼狽《ろうばい》売りを加速させて莫大な利益を得ることができるわけだ。

ここには、ジュリアン・ロバートソンがタイ経済の実態を読み切ったという事実がある。彼は誰よりも早く詳細にタイ経済を分析し、正確な情報をつかんだ。そして、この〝情報格差〟を基に「サヤ取り」を行なったのである。ヘッジファンドの帝王と呼ばれたジョージ・ソロスが92年に1人でポンドを売り浴びせてイングランド銀行を窮地に追いやったあたりから、こうした手荒い仕事師が世界の金融市場や国家を揺るがしている。

言い換えれば、アービトラージとは「情報格差でサヤを抜く」ことなのだ。

ユニクロが急成長したわけ

このアービトラージは、金融市場に限って有効なわけではない。通常のビジネスにも活用できる考え方である。

前述したように、もともとアービトラージとは、異なる2つの市場の価格差を利用して利益を得るわけだから、ビジネスにおいては「世界で最も良いものを最も安く調達して世界で最も高く売れるマーケットで売る」ということになる。または、伝統的なバリューチェーン（価値連鎖）をバイパスし、産直のような形態で売るという例もある。ビジネスでは、アービトラージで稼ぐのが当たり前になっている。

では、アービトラージを可能にする条件は何か？

それは前述した情報格差だ。情報技術の発達がもたらしたものは、情報を持っている人と持っていない人の格差である。実は、これが今は非常に大きくなっている。アービトラージとは市場の価格差＝格差で利益を得るわけだから、この情報格差は十分に利益を生み出すのだ。言い換えれば、情報格差を利用すればビジネスチャンスがたくさんある、ということである。

情報格差を利用して巨大企業になったのが、「ユニクロ」などを展開するファーストリテイリングだ。

原材料の調達から製品・サービスが顧客に届くまでの企業の活動を、一連の価値（Value）の連鎖（Chain）としてとらえてバリューチェーンと呼んでいるが、ファーストリテイリングは従来型のバリューチェーンをスキップしてしまった。

なぜユニクロは廉価販売にもかかわらず収益があがるのか？　自分たちでデザインしたものを中国などで製造し、それを直接、自前の店で売っているからだ。ユニクロと顧客との「間」がほとんどない。卸問屋や商社を通さないことで利益をあげているのだ。いわば〝中抜き〟である。

ユニクロが急成長した当時、日本のアパレル企業は、中国で製造する場合でも卸問屋や商社を通じて中国に発注し、代理店を通じて売るというスタイルをとっていた。それが当たり前であり、それ以外の方法がないと考えられていた。

一方、ユニクロは中国の物流システムや原材料の供給システムなどを検討し、中抜きは十分可能だと考えた。ここに情報格差があった。これによってユニクロはフリースの原価を徹底的に抑え、それまでの価格を破壊する1900円で売っても儲かるシステムを構築できたのだ。これは情報格差を利用したアービトラージだ。

ただし「中抜き＝アービトラージ」と勘違いしてはいけない。

ユニクロの成功によって、他社はユニクロを研究し始めた。そしてユニクロ型の中抜きが一般化し、すでにユニクロの優位性はなくなっている。情報格差がなくなったのだ。もともとこの方式はアメリカの大手アパレル・GAPがやり始めたSPAと呼ばれる方法である。SPAとは「Specialty store retailer of Private label Apparel」の略で「製造小売業」と呼ばれ、家具の場合にはスウェーデン発祥のIKEAが製造と小売りの一体化により世界各地で大成功している。ニトリもこの方法で日本の家具業界のトップに立った。

ユニクロと同様のアービトラージで成功したのは、QBハウスだ。

理容室、美容室ではシャンプーやブロー、理容室ならば顔剃りまで行なっていた。しかし、私が約40年前に書いた『企業参謀』（プレジデント社）でも指摘したように、シャンプーやブローは帰宅してシャワーを浴びれば、無駄になってしまう。従来の慣習にとらわれず、情報格差を見出したのがQBハウスだ。顧客の中には、シャンプーやブローは必要ないと思っている人が少なくない、と分析したわけだ。結果、「カットのみ10分1000円（現在は1080円）」という新しいビジネスモデルを確立し、今や海外も合わせて総店舗数約670店という優良企業に成長して東証1部上場を果たした。

これもアービトラージの好例だろう。しかし、ユニクロと同様、QBハウスの方法が研究され、同様のサービスを提供する理容室も相次いで登場している。アービトラージの発想には〝賞味期限〟があり、それが切れると同業者の攻勢にさらされる。これからQBハウスは、別のアイデアで次の段階に進む必要があるだろう。

アービトラージの発想に賞味期限があることは、ビジネスの面から見ると問題に思えるかもしれないが、生活の質という面から見るとマイナスではない。アービトラージによって質の良い製品やサービスが社会に適正価格で行き渡ると考えれば、むしろ社会（生活者）にとってはプラスである。

情報に貪欲だった盛田昭夫氏

情報格差は「情報の非対称性」という言い方もするが、これを上手に用いて非常に高い値段で売れるマーケットで勝負すれば、当然、そのぶん多くの「サヤ」が抜ける。前述のように、グローバルビジネスの要諦は「世界で最も良くて最も安いものを調達して世界で最も高く売れるマーケットで売る」ということだ。そこに通常の商品やサービス、価格との「格差」が生じるから商売になるのである。

しかし、その情報に競合他社が気づき始めると、商品やサービスのクオリティも価格も、ある一定のところに落ち着いていく。格差がなくなってしまうのだ。

そうなると、利益をあげるために、より中抜きを徹底させるなどの方向に向かうケースが多いが、それはすでにアービトラージではない。単にコストダウンや経営努力といった類のものだ。

では、アービトラージという発想法を鍛えるにはどうすればよいか？　1つには、情報に対して貪欲になることだと思う。

情報格差に真剣に取り組んだ、誰もが知る経営者がいる。ソニー創業者の故・盛田昭夫氏だ。

盛田氏が社用車で成田空港に向かっていた時のことである。空港から数㎞手前でオービス（自動速度違反取締装置）を見つけた。盛田氏は間髪をいれず秘書室の担当者に電話して、「成田空港の手前の○○にスピード違反取り締まりのカメラがついているぞ。捕まらないように注意しろと全社に知らせておけ」と命じた。情報を共有していないことで社員が不利益を被るのは損だと考えたのである。盛田氏自身は、アービトラージで利益をあげようと考える経営者ではなかったが、情報に対しては常にアンテナを張り巡らせていた。情報に無限の興味を持っていた経営者である。

ソニーは「ウォークマン」を世に送り出し、世界の音楽シーンを変革した。それを生み出した背景には、アメリカの若者たちが大きなラジカセを手に持って街を闊歩しているのを見て「この人たちは歩きながら音楽を聴きたいんだ！」と気がついたという、盛田氏の情報に対する鋭い感度があったと言われている。

インターネットによって高度に情報化された現在の社会に情報格差などあるのか、という指摘もあるだろう。実際、多くの日本人は、自分はたいていのことは知っている（知り得る）と考えている。しかし、それは間違いだ。世界には、日本人が知らないことが、まだまだ無数にある。その情報格差を用いれば、新しいアイデアが出てくるし、ビジネスチャンスにもなる。

専門職ビジネスも国境を越える

ユニクロは当初、中国で生産することで優位性を獲得したが、外国へのＢＰＯ（ビジネス・プロセス・アウトソーシング）も、アービトラージの発想だ。ユニクロの場合は生産工場のＢＰＯなので、それほど珍しいことではないが、いわゆるホワイトカラーや専門職のＢＰＯも、すでに世界では始まっている。

たとえば、建築家や設計士、会計士、航空宇宙系の技術者、金融アナリスト、半導体チップデザイナー、ＩＴ系管理者……。いわばこれまで代替の利かない職種と言われていた分野にまで、ＢＰＯの波は押し寄せている。

英語が公用語のフィリピンでは、すでに多くの知的ワーカーが誕生している。たとえば、多国籍企業の会計業務を行なう会計士はまさにプロフェッショナルであり、アメリカ人なら月給5000ドルの高給取りの部類だが、フィリピン人なら安いケースで数百ドルだ。実際、すでにアジア最大の会計事務所はフィリピンにある。金融アナリストやIT系管理者などの専門職も同様で、アメリカ人の金融アナリストを雇うには月給7000ドルが必要だが、インド人なら1000ドルで済む。ソフトウエアの開発やウェブデザインを管理するIT系管理者にいたっては、アメリカ人が月給1万ドル、インド人は500ドルだ。

こうしたBPOの外注拠点は、フィリピンやインドだけではない。南米のコスタリカでは、欧米向けのスペイン語によるコールセンターが数多く開設されている。メキシコは、アメリカ企業のITエンジニアリングの拠点だ。ロシアには、博士号を持った航空宇宙系の研究者や技術者が多く、多くのアメリカ系企業がロシアにR&D（研究開発）センターを置いている。

なかでも面白いのは、アフリカのモーリシャス共和国だ。マダガスカル島の東、インド洋に浮かぶ島からなる国で、面積は東京都よりやや小さく（2045㎢）、人口は130万人にすぎない。しかし、かつてフランス、イギリスの植民地だったこともあって、フランス語も英語も堪能である。この利点を生かして欧米のＢＰＯの拠点になっている。コンサルティング会社のアクセンチュアもモーリシャスにセンターを置いている。アービトラージの発想で地域を発展させている好例だろう。

日本の場合は、「日本語」という壁があるので、アメリカのように簡単にＢＰＯを行なうわけにはいかないが、遅かれ早かれ、専門職であってもＢＰＯの対象になるだろう。ますます「個人の力」で勝負するしかなくなるということだ。

自分の会社をつぶす方法を考えろ

アービトラージの発想のポイントは、これまでの業界の常識を疑う、ということだ。ユニクロは、商社や問屋を通さずに中国と直接取引するという「中抜き」を行なった。今でこそ当たり前だが、当時の日本では、業界の常識に反する発想だった。

ペンシルベニア大学ウォートン校の名物教授ジェリー・ウィンドらの共著に『インポッシブル・シンキング』という本がある。要点を簡単に言うと、私たちは「固定観念にとらわれている」ということだ。「百聞は一見にしかず」という諺《ことわざ》があるが、決してそうではなく、すでにものを見る前に固定観念でがんじがらめになっており、見たものを固定観念通りに解釈してしまうというのだ。この本は、いかにしてその固定観念を打ち破るかということを説いている。

たとえば、中国と日本の間で問題が発生する。「中国はけしからん」と多くの日本人が思うはずだが、そこには客観的な視点はなく、すでに「中国とはこのような国である」という固定観念に基づいて「中国はけしからん」とジャッジしているということだ。目にしたことによって新たな情報を得るのではなく、固定観念を補強しているわけだ。

私の好きな言葉に、松下電器産業（現パナソニック）創業者・松下幸之助氏の「とらわれない素直な心」というものがある。

〈素直な心というものは、すべてに対して学ぶ心で接し、そこから何らかの教えを得ようとする謙虚さをもった心である〉（『素直な心になるために』ＰＨＰ文庫）

〈素直な心というものは、だれに対しても何事に対しても、謙虚に耳を傾ける心である〉（同）

とくに、同じ業界に長くいると「学ぶ心」をなくし、「耳を傾ける」ことをしなくなりがちだ。自分はその業界に詳しいと過信してしまうのだ。まさに「固定観念にとらわれている」状態である。それは錯覚にすぎない。そして、固定観念にとらわれているということは、これまでの発想から抜け出せないということである。

たとえば、10年前にアメリカ人がインドに行って心臓手術を受けるなどと誰が想像しただろうか。固定観念の中からは出てこない発想だ。だが、今やメディカルツーリズムは、各国が来院患者数を競うほどスタンダードなものになってしまった。

あるいは、GEのCEO（最高経営責任者）を務めていたジャック・ウェルチは当時、「アンチ事業部を作れ」という号令をかけた。社内で既存の事業部をつぶすための事業部を作れと指示したのである。アンチ事業部を作る過程では、CRM（Customer Relationship Management／顧客関係管理）、ERP（Enterprise Resource Planning／企業資源計画）、SC

M（Supply Chain Management／供給連鎖管理）などの概念を導入し、徹底的なＩＴ化を図った。「他社につぶされるくらいなら、自社の事業部につぶされたほうがまし」「もしＧＥを滅ぼす会社があるとしたら、それはＧＥ内部のアンチ事業部であってほしい」と考えたのである。

つまり、ウェルチは「自分の会社をつぶす方法を自分たちで考えろ」と社員に命じたわけだ。固定観念にとらわれていたらそうした命令は出せないし、そもそも社員も答えを見つけられない。自分はこの会社、この業界を知っているという固定観念から脱して外に足場を設け、新鮮な目で見つめ直すことでしか、新しいアイデアは生まれないのだ。自社の既存事業をつぶすための戦略を磨き上げていく過程で新しいアイデアを生み出し、それによって市場での優位を獲得していくというウェルチの目論見だった。

アービトラージのポイントは次の２つだ。

①情報格差でサヤを抜く。

②固定観念にとらわれず、外からものを見る。

私たちは常に固定観念にとらわれている。しかし、そこに留まっていては、新しい発想は生まれない。固定観念の外に出るためにこそ、情報を活用すべきなのである。そしてまた、固定観念にとらわれやすいからこそ、そこから抜け出したひと握りの人間が、情報格差によって富を得ることができるのだ。

3 ニュー・コンビネーション

(New Combination)

――「組み合わせ」で新たな価値を提案する

「水陸両用バス」の発想

私が大好きなオーストラリアのゴールドコーストでは、「アクアダック」と呼ばれる水陸両用バスが観光客に人気となっている。街中はバスとして走り、素晴らしい景観で有名な内海のブロードウォーターに到着すると、大きな水しぶきを上げながらクルーズを開始する。

ゴールドコーストでは、こうした水陸両用バスがいたるところで走っている。見ていると乗りたくなるので、大半の観光客が一度は体験する。今ではすっかりゴールドコーストの名物になった。

日本でも水陸両用バスを観光に用いようという動きがあり、「ダックツアー」と称して、東京やハウステンボス、大阪の中之島、琵琶湖などを走っている。

なぜ、突然、水陸両用バスの話を持ち出したかと言うと、これが今から説明する「ニュー・コンビネーション（New Combination）」の1つだからだ。

「ニュー・コンビネーション」という概念は、ヨーゼフ・シュンペーターというドイツのボン大学などで教鞭を執った経済学者が唱えたもので、「大半の発明は、古くからあるものの新しいコンビネーション（結合）である」という見方だ。ドイツ語なので、「ノイエー・コンビナーツィオン（neue Kombination）」と呼ばれた。シュンペーターは「新しい」とされていたものを観察し、それが古いものの組み合わせであると主張した。ゼロから何か新しいものが生まれるわけではないのだ。既存のものが結合することで、新しいものが誕生する。まさにイノベーション（新結合）である。

水陸両用バスは、バス（自動車）と船を合体させたらどうなるか、という「ニュー・コンビネーション」の一例なのである。どちらも既存のものだが、合体させることで新たな可能性が生まれた。

「ウィキペディア（Wikipedia）」もそうだ。

学生の論文でウィキペディアのコピペが問題になっているが、それだけ使い勝手がいいということだろう。正確性は怪しい部分も多々あるが、物事の概要ならウィキペディアを見るだけでつかめるケースが多い。

とくにＩＴ関係の難しい言葉を調べるには便利で、「ＶｏＩＰ《ボイプ》は何の略語か」といったことがたちどころにわかる（ちなみにVoice over Internet Protocolの略）。

試しに「ＦＭＣ」という言葉で検索してみよう。

〈Fixed Mobile Convergence（フィックスド・モバイル・コンバージェンス、ＦＭＣ）は、「固定網と移動網の収束」を意味し、有線通信・移動体通信を組み合わせた電気通信サービスを指す。狭義には、有線通信・移動体通信の双方の電気通信サービスを、同一の端末で利用者に提供するものをいい、広義には、電気通信事業者の提供サービス形態として有線通信・移動体通信の双方が密接に連関しているものまで含める〉

調べものは、ウィキペディアの登場で格段に楽になった。

ウィキペディアを支えているのは、無数の人間だ。世界中の人間が、その物事を定義し、説明してくれるのである。いわば、「個人の知識×個人の知識×個人の知識×個人の知識……」という「組み合わせ」によって成り立っているのだ。1人の知識ではなく、無数の人間の知識が掛け合わさっているところにウィキペディアの妙がある。これも「ニュー・コンビネーション」の一種と言えるだろう。

ソニーのフェリカの失敗

私は、今から40年ほど前に雑誌『プレジデント』の記事で、「ニュー・コンビネーション」の発想法を使って、リビングルームを分析したことがある。「リビングの中に、重複機能がどれぐらいあるか?」という問いを立て、それを書き出したのだ。

リビングルームを見渡してみると、当時のテレビには、ブラウン管/チューナー/アンプ/スピーカーが入っていた。ステレオやラジオにも、チューナー/アンプ/スピーカーが入っている。明らかに重複機能がある。そこで、こうした重複を取り除き、その中から最も機能の優れたものを選び出した。ステレオのスピーカー、テレビのブラウン管とチューナー……というように、新しいコンポーネントを提案したのだ。

今までは、ラジオ、ステレオ、テレビ……と別々の商品として存在していたものを、「ニュー・コンビネーション」の発想で、いったん機能別にバラバラにしてから結合させる。そうするとまったく新しい家電を構想できたのだ。

その記事を見て、ソニーや松下電器産業（現パナソニック）、東芝など大手家電メーカーの担当者が私の元にやってきて「もっと詳しく教えてくれ」と言った。そう言われても、トイレの中でたった数分で導き出したアイデアだったので、これ以上のことはない。それでも私を訪ねてきた会社は、その後、ＡＶ機器のコンポーネント化を開始して新しい製品を生み出していった。

現在、日本には「Ｓｕｉｃａ（スイカ）」（ＪＲ東日本）や「ＰＡＳＭＯ（パスモ）」（首都圏の私鉄）、「Ｋｉｔａｃａ（キタカ）」（ＪＲ北海道）、「ＴＯＩＣＡ（トイカ）」（ＪＲ東海）、「ｍａｎａｃａ（マナカ）」（東海地方の私鉄）、「ＩＣＯＣＡ（イコカ）」（ＪＲ西日本）、「ＰｉＴａＰａ（ピタパ）」（関西圏の私鉄）、「ＳＵＧＯＣＡ（スゴカ）」（ＪＲ九州）、「ｎｉｍｏｃａ（ニモカ）」（九州地方の私鉄）、「はやかけん」（福岡市営地下鉄）……と、バスカードを含めると数十種類の交通系ＩＣカードが発行されている。とくにここに挙げた10の交通系ＩＣカードは相互利用が可能になっており、この中の１枚を持っていれば、大都市圏ではどこでも困らない状況になっている。たいへん喜ばしいことだが、実はこうした交通系ＩＣカードのほとんどは、ソニーが開発した非接触型ＩＣカード「ＦｅｌｉＣａ（フェリカ）」が基になっている。

交通系ＩＣカードは、１９９２年にフィンランドのバス会社が導入したのが世界初だが、ソニーの「ＦｅｌｉＣａ」は１９８８年から研究が開始されている。１９９４年には香港のオクトパス社が採用を決定し、その3年後の１９９７年から「オクトパスカード」として導入されている。ＪＲ東日本が「Ｓｕｉｃａ」を始めたのが２００１年のことなので、ソニーの「ＦｅｌｉＣａ」がどれだけ先行していたかがわかるだろう。

しかも、ソニーは共同出資会社「ビットワレット」を立ち上げ、電子マネー「Ｅｄｙ」（現「楽天Ｅｄｙ」）のサービスを２００１年から開始している。この「Ｅｄｙ」も「Ｆｅ ｌｉＣａ」の技術だ。

ところが、当時のソニーには「ニュー・コンビネーション」の発想がなかった。せっかく材料がそろい、香港に進出するという条件も整っていながら、最初から「Ｓｕｉｃａ」と「Ｅｄｙ」をコンビネーションさせるような試みがなされなかったのである。

もし、ソニーが大きな視点を持って展開していたならば、「ＦｅｌｉＣａ」は共通化されて世界標準を取っていたはずだ。もちろん最近になって話題となっている「フィンテック」（Fintech）の基幹プラットフォームを築くこともできたはずだ。フィンテックは「金融（Finance）」と「技術（Technology）」を組み合わせた造語で、ＩＴ技術を用いた金融サービスや金融商品のことである。Ｅｄｙはもともと、将来これがユーロ（Euro）、ドル（Dollar）、円（Yen）に並ぶような世界通貨となることを夢見て、それら3つの頭文字をとって命名されている。そのテクノロジーを単なる「部品」として安売りし、しまいにはＥｄｙの事業そのものを楽天に売却するなど、ソニーのトップの慧眼のなさが悔やまれる。日本で前述した10の交通系ＩＣカードの相互利用サービスが開始されたのは２０１３年。遅きに失したと言うべきだろう。

日本で交通系ICカードをいち早く出したJR東日本もソニーと同じで、大きな視点に欠けていた。JR東日本の管内でしか決済できないようなカードを最初に出してしまったせいで、その後の相互利用が、かなり遅れた。自分たちの都合しか考えないミクロ的な価値提供だったと言える。というのは、JR東日本が日本最大の決済銀行、あるいは決済のプラットフォームになる機会を逸したからだ。

「ニュー・コンビネーション」は発想方法の1つではあるが、忘れてならないのは、個別のミクロ的な価値提供に留まらず、ユーザーのニーズをトータルで考える視点、そしてグローバル化を前提とした仕様・方式を仕込んでおくことだ。そういった大きな視点で結合が行なわれた時に、新たな価値が誕生する。

残念ながらソニーは「ニュー・コンビネーション」の視点がなかったために、「FeliCa」を大きなビジネスとして取り込むチャンスを逃した。今の状態ではまるで「FeliCa」の部品業者のようだ。

今後は、ユーザーの立場に立って、交通系ICカード（地域カード）、電子マネー、クレジットカード、キャッシュカード、ETC、社員証（学生証）、各種会員カードなど、すべてが結合したカードが登場するだろう。

世界はすでにキャッシュレス・ソサエティになりつつあるが、コンビネーションが十分になされていないため、財布がカードだらけの〝カードフル・ソサエティ〟になってしまった。1枚のカードで、クレジットになったり、プリペイドになったり、かつまたポストペイド（後払い）の月末一括引き落としが選択できるような結合があってよい。

これはユーザーの立場から考えれば、すぐに思いつくアイデアだ。しかし、それが実現できていないところに、担当者たちのビジョン（構想力）やアンビション（野心）不足が透けて見える。

携帯電話×デジカメで大ヒット

「ニュー・コンビネーション」の実例に戻ろう。

「ニュー・コンビネーション」とは、既存のもの同士を足し合わせたり、掛け合わせたりすることだ。

たとえば、テレビ＋時計。

これは埋め込み型の発想だ。実際、この埋め込み型のコンビネーションを応用し、キッチンの中にオーブンレンジを組み込んだり、食洗機を組み込んだりした商品が誕生した。キッチンは基本的に、埋め込み型のコンビネーションで発展していると言えるだろう。

では、テレビ＋時計というアイデアはどうか。

普段、テレビをつけていない時は、画面に時計が見えているというアイデアだ。だが、通常の家庭は部屋の中に1つは時計を置いている。テレビ画面で確認する必要に迫られない。このアイデアは、広がりを持たない。

それで、この発想がどこに向かったかというと、携帯電話に時計を表示するという形になった。では、携帯電話に何でも入れてしまおうということで、目覚まし時計も、メールも、テレビも、デジタルカメラも、音楽プレイヤーも、財布も組み合わせてしまった。どこまでも組み合わせていって、「これ1台あればOK」というところにまで持っていったのが、日本のガラケー、ガラパゴス携帯だ。

この時、携帯電話と組み合わせたデジタルカメラは「ニュー・コンビネーション」の考え方から生まれた大ヒットだった。

1995年3月に発売されたデジタルカメラ「QV－10」（カシオ計算機）のヒットで、日本にデジタルカメラが広がっていくが、やがて各社がこぞって参入し、デジタルカメラ市場は競争が激化していく。

そこに登場したのが、携帯電話×デジタルカメラという「ニュー・コンビネーション」だった。

2000年11月に、J－PHONE（現ソフトバンク）からデジタルカメラつき携帯電話「J－SH04」（シャープ）が発売された。それまでもデジタルカメラつきの携帯電話は登場していたが、この機種の最大の特徴は、撮った写真をメールで送れたことだ。約11万画素のまだ粗い画像だったが、「撮ったものを送れる」という機能で新たな価値が生まれた。のちに「写メール」という言葉を生むことになる。

この写メールは、とくに若い女性のセグメントに人気が出た。実は、デジカメに携帯電話を組み合わせたのではなく、携帯電話にデジカメをプラスしたというのが、この「ニュー・コンビネーション」のポイントで、それまで撮影することだけが目的だったデジタルカメラが、画像による新たなコミュニケーション機能として組み込まれたのである。「ニュー・コンビネーション」が価値を創造したのだ。

この新たな価値は世界中に伝播し、今やスマートフォンのカメラは単体のデジタルカメラと変わらない性能を持つようになってきている。

ニュー・コンビネーションを体現したDeNA

デジタルカメラつき携帯電話という新しいバリューが登場したことで、今度は「これに何かを組み合わせてみたら?」という発想が出てくる。デジタルカメラつき携帯電話は「既存」の存在になってしまったのだから、その延長線上で突き詰めていくだけではビジネスは広がらないということだ。事実、写真が送れるなら動画も送ってしまおうという方向でも開発が行なわれたが、技術的には達成したものの、新たな価値を生み出すことはできなかった。発展してきた延長線上で物事を思考するのではなく、目の前にあるものに、また別の異物をプラスすることを考える。それこそが「0から1」を生み出す発想力、「無から有」を生み出すイノベーション力である。

デジタルカメラつき携帯電話を使った「ニュー・コンビネーション」で成功を収めた経

営者がいる。「DeNA」の創業者であり、現在、横浜DeNAベイスターズのオーナーを務めている南場智子氏だ。

南場氏はマッキンゼー・アンド・カンパニーの後輩だったのでよく知っているが、1999年にDeNAを立ち上げた時は非常に苦労していた。「ビッダーズ」というインターネットオークションのサービスを収益の柱にしていたが、日本では「ヤフオク!」(当時の名称は、Yahoo!オークション)が絶大なシェアを誇っていた。新規参入のオークションサイトに勝ち目はない。「ヤフオク!」の牙城は強大で、ネットオークションサイト世界最大手の「eBay(イーベイ)」ですら、2000年に日本へ進出したものの、日本で先行していた「ヤフオク!」にまったく歯が立たず、あっという間に撤退してしまったほどだ。

窮地の南場氏が目をつけたのが、デジタルカメラつき携帯電話である。パソコンではなく、ケータイに着目したのだ。それが、2004年からサービスを始めた「モバオク」である。

その仕組みは簡単で、オークションでモノを売りたい人は、自分の携帯電話のデジカメで品物を撮影し、その画像をそのままモバオクのプラットフォームに送る。オークションに出品している人間がその場で撮った写真がすぐにサイトにアップされるので、利用者からすると信頼性が高い。携帯で撮って送る、という簡便さも手伝ってモバオクは躍進し、これでDeNAは息を吹き返した。「モバオク」は、「ヤフオク!」や「楽天オークション」と並ぶ日本最大級のインターネットオークションサイトへと成長、定着したのである。

いわば、デジタルカメラつき携帯電話×オークションという「ニュー・コンビネーション」が、「モバオク」を成功に導いたのである。これは南場氏の発想の勝利と言えるだろう。現在、DeNAの時価総額は約2800億円(2018年10月末現在)。ついにはプロ野球球団を有するまでになった。

ストックホルムのコンビニ

私は2010年頃に、ストックホルムを訪れた。「北欧のヴェネツィア」と呼ばれるスウェーデンの首都だ。石畳の落ち着いた街のあちこちに「セブン-イレブン」のお馴染みの看板がある。セブン-イレブンのヨーロッパ進出は、北欧に偏っていて、デンマーク1

77店舗、スウェーデン189店舗、ノルウェー152店舗だ（2018年10月末現在）。

ストックホルムのセブン‐イレブンは街並みに溶け込んでいたが、店内に入って驚いた。レジ周りは、スウェーデンで言うところの「Kaffe」。スターバックス並みのカフェを展開しているのだ。

「コンビニエンスストア×ファストフードショップ（カフェ）」が、スウェーデンにおけるセブン‐イレブンだったのである。これも「ニュー・コンビネーション」の例と言ってよいだろう。オーストラリアに行けば、セブン‐イレブンはガソリンスタンドと組み合わさっている。ガソリンを入れてコンビニで買い物もできるという利便性を提供している。

コンビニ、百貨店、スーパーというビジネスモデルは、一度成功を収めているせいか、業界全体で変化に乏しい。業界の常識にとらわれている、と言い換えることもできる。とすれば、そこにはむしろチャンスがあると考えられる。「ニュー・コンビネーション」の発想で何かをプラスすれば、新しいユーザーを獲得することができるだろう。当然、店のバリューも上がる。

するとセブン－イレブンは２０１３年1月、コンビニ発の本格コーヒーとして「セブンカフェ」をスタートさせた。日本の店舗にも、コンビニエンスストア×カフェという「ニュー・コンビネーション」の発想を取り入れたのである。本格的コーヒーを1杯１００円で提供するというこの試みは、間食、惣菜と組み合わせてマクドナルドの顧客を奪ったとも言われている。

日本のコンビニ業界の中で、セブン－イレブンは突出している。コンビニの実力を示す1店舗あたりの平均日販（1日の平均売上高／２０１８年2月期）が、セブン－イレブンは約65・3万円なのに対し、ローソンは約53・6万円、ファミリーマートは約52・8万円である。全店売上高（２０１８年2月期）でみても、セブン－イレブンが4兆６７８０億円なのに対し、ローソンは2兆２８３６億円。コンビニエンスストア業界3位のファミリーマートは、4位のサークルKサンクスを傘下に持つユニーグループ・ホールディングスと16年9月に経営統合したが、2つ合わせても全店売上高は3兆１６０億円。業界2位も3位も、セブン－イレブンに1兆円以上の差をつけられているのである。

なぜここまで差がつくのか。

コンビニの売り上げは基本的には立地で決まる。各コンビニを比較しても、並べている商品の種類、ＡＴＭサービス、コピー機……と大差はない。それでもセブン－イレブンに客が集まるのは、「セブンカフェ」に象徴されるように、企画力、商品開発力に差があるからにほかならない。

「セブンカフェ」は２０１３年スタート早々に大ブレイクし、今では年間10億杯も飲まれている。その売上高は、１杯１００円で単純計算しても１０００億円だ。言い換えれば、1年に延べ10億人がセブン－イレブンでコーヒーを飲んだのである。彼らはコーヒーだけで済ませるだろうか。そんなことはない。セブン－イレブンは「セブンカフェ」をスタートさせる前に1年間、全国１７９９店舗で「セブンカフェ」の試行販売を行なったが、その結果、客数は増え、調理パンの売り上げは3割増、スイーツは2割増になったという。

また、セブン－イレブンはＰＢ（プライベート・ブランド）の開発でも、「ニュー・コンビネーション」の考え方を取り入れて成功している。熱狂的なファンを持つアイスキャンデー「ガリガリ君」（赤城乳業）をＰＢに取り込んだり、ＵＣＣ上島コーヒー、サントリー、日本コカ・コーラといったＮＢ（ナショナル・ブランド）と缶コーヒーでコラボするなど、数々のヒット商品を連発している。

あなたがローソンの社長だったら……

ここまで「ニュー・コンビネーション」について説明してきたが、そのポイントは次の2つだ。

①既存の2つのものを足してみる。
②足したことで、価格と価値がいかに変化するか。

「ニュー・コンビネーション」という発想は、足せばそれでOK、ということではない。日本の家電の多くが陥ったように、機能をプラスすることばかりに注力して、ユーザーが必要としていないものを提供しても意味がないのである。機能をプラスすれば価格は上昇するわけだから、必要のないユーザーにとってはいい迷惑だ。

むしろ「ニュー・コンビネーション」は「○○と○○を足したらどうなるだろう?」と

いう発想の転換としてとらえてもらいたい。アイデアに行き詰まっている時は、往々にしてそれまでの延長線上で物事を考えている。そこに別のものをコンビネーションすることで、頭に刺激を与えるのだ。既存のものを足せばよいのだから、発想は〝無限大〟である。しかし、その一方で、不要なものを削るという作業も併せて行なう必要がある。

では、ここで問題を出そう。

Q　もし、あなたがローソンの社長なら、どうすればセブン-イレブンを超えることができるか。

ローソンには、実は「ニュー・コンビネーション」の格好の材料がある。2014年に550億円で買収した高級スーパーマーケットの「成城石井」だ。ここには、ワイン、ハム、ソーセージ、弁当、惣菜などにユニークな商品がたくさんあって、私も妻も頻繁に近所の成城石井を利用している。

また最近は、成城石井の一部店舗前に、よく中国人観光客を乗せたバスが停車している。旅行会社や観光ガイドが「成城石井の弁当や惣菜はおいしい」ということを知っているから、わざわざ連れてくるのだ。レストランに立ち寄る時間とコストを節約して、昼食用の弁当や惣菜、飲み物を買い、それをバスの中で食べているのである。

日本人にも中国人にも良いイメージが定着し、期待値が高い成城石井。これを使わない手はない。

ローソン×成城石井の「ニュー・コンビネーション」である。

私がローソンの社長なら、ローソンの中に成城石井の売れ筋商品100アイテムを並べた「ショップ・イン・ショップ」を作るだろう（現在、一部地域の店舗で展開している）。そうすれば、他のコンビニにはないローソンだけの特色が出る。成城石井ブランドの商品ならば、高価格でも消費者は納得する。通常の買い物のついでに「ちょい高」の成城石井オリジナル商品を購入してもらうのだ。これなら「セブンゴールド」にも負けない。結果、客単価も平均日販も上がるはずだ。

現在は「ローソンフレッシュピック」というネット通販サイトで、成城石井をはじめグループ企業の商品が購入できるようになっているが（対象は東京都と神奈川県の一部店舗のみ／2018年10月現在）、これだけでは「ローソンの客単価を上げる」という効果に直結しない。

消費者目線に立つと、ドリンク類やお菓子類などの通常の商品に関して言えば、成城石井は総じて価格が高い。消費者の中にはそれを敬遠して成城石井にはそもそも行かないという人もいるだろう。それゆえにショップ・イン・ショップにすれば、ローソンで、成城石井の「ちょい高」オリジナル商品と低価格のNB商品が一緒に買えるメリットが生じる。成城石井の本来のユーザーにとっても嬉しい提案となる。

ただし、足し算の仕方を間違ってはならない。ローソンがやってはいけないのは、成城石井のノウハウを導入した商品を大量生産してローソンで安く売り、成城石井の高級イメージを崩してしまうことである。そんなことをすれば、どちらのブランドもダメになってしまうだろう。

4 固定費に対する貢献(Contribution to the fixed cost)

——「稼働率向上」と「付加価値」の両立を

成功したクリーニング店

Contribution to the fixed cost——「固定費に対する貢献」。これは「経営」にとって最も基本的なアプローチだが、この考え方を説明する前に「限界利益」という用語について説明しよう。

限界利益は管理会計の考え方の1つだが、簡単に言えば、売上高から変動費を引き算したものだ。計算式に直すとこうなる。

限界利益＝売上高－変動費

たとえば、1個100万円の商品を売ったとしよう。この時の1個あたりの変動費（単位変動費）が80万円だったとすれば、限界利益は20万円となる。

変動費は、製造業ならば材料費や外注加工費、物販ならば仕入れコストなどがこれにあたる。売上高や生産量の増減で変動費は左右される。単純に、売上高が増えれば生産量も増し、材料費も増える。したがって、売上高に比例して変動費は増減する。

一方で、短期的には変更が難しい費用がある。固定費だ。人件費や減価償却費、賃貸料などがこれにあたる。計算式にしてみよう。

限界利益＝固定費＋利益

または

利益＝限界利益－固定費

100万円の商品を売るたびに20万円の限界利益が出ると仮定すると、1つ売るたびに固定費20万円を回収する力があることになる。つまり、全販売商品のもたらす限界利益の総額が、総固定費に等しい時の売上高が損益分岐点ということになる。利益がマイナスの時には固定費のほうが限界利益よりも大きい、という単純な足し引きだ。固定費が利益でカバーされていない時には、限界利益では足りないことになり、その事業は赤字となる。

変動費は、削ろうと思ったら削れる。たとえば、仕入れを抑える。材料費を安くする。そして変動費は売上高に比例するが、固定費は短期的には左右されない。

これは経営者がおしなべて学ぶべき経営学の基礎であり、固定費をどう考えるかが大きな肝になってくる。リストラは固定費を減らす手段だが、変動費のように簡単に減らすことはできない。ならば、どうするか？　固定費（fixed cost）に対してContribution——貢献しているか、を問うのだ。要するに「固定費に対する限界利益の貢献の最大化」を図っているか、ということだ。

たとえば、クリーニング店で考えてみよう。

クリーニングの機械は、非常に高い。ベンツやＢＭＷが複数台買える価格である。家族経営のクリーニング店では何台もそろえることはできない。しかし、クリーニング店にクリーニングの機械は必要なものなので、固定費になる。何台もそろえれば、それだけ固定費が上がる。

クリーニング店は、たとえ同じ市内にあったとしても、A店は月曜が非常に混むとか、B店は週末になると客が多いとか、場所によって利用状況が異なる。つまり、忙しい時は機械をフル回転させてもさばけないが、暇な時は機械が稼働していないことがあり得るのだ。むしろ稼働していない時間のほうが長いケースも少なくない。

「固定費に対する限界利益の貢献の最大化」という観点で考えると、これは非常にもったいない。クリーニング店の例で言えば、操業度を高めることでしか「固定費に対する限界利益の貢献の最大化」は図れないからだ。

では、どうするか？

複数のクリーニング店が協力し合えばよいのである。家族経営のクリーニング店が3つ集まっただけで、中規模のクリーニング店になる。それぞれの店の忙しい日時と暇な日時をインターネットでスケジューリングして、お互いに機械を融通し合うのだ。すると、抱えている顧客への配送も距離的に見て交換したほうがよい、といったこともわかってくる。

配送費や配送時間も、これで削減できる。

つまり、複数のクリーニング店が曜日や時間などで機械を融通し合うことができれば、機械は各店に1台あれば足りるのだ。そうした工夫が「固定費に対する限界利益の貢献の最大化」であり、固定費がかかる企業にとって短期的な経営改善法の1つとなる。

実際、大阪には20年以上も前から、それを実践しているクリーニング店が存在する。最近は、店舗も機械も持たずにクリーニング工場のアイドル（空いている設備）と宅配業者を活用し、宅配クリーニングサービスを展開するネット事業者も登場し始めている。

平日の観覧車にどう人を集めるか

私がマッキンゼー・アンド・カンパニーでコンサルタントをしていた時には、この「固定費に対する限界利益の貢献の最大化」という視点で、多くの企業の業績を改善させた。

限界利益の計算は、さほど難しい計算ではない。足し引きのみだ。

私が日立製作所で原子炉の設計をしていた頃には、マクスウェルの方程式や拡散方程式、輸送方程式など、複雑な数式を駆使しなければならなかったが、経営コンサルタントになってからは加減乗除の計算しかしていない。逆に言えば「固定費に対する限界利益の貢献の最大化」という簡単な計算式を理解して使いこなせば、収益を改善できるケースが多いのである。

もちろん、変動費の多い業態なら話は別だ。しかし、固定費産業の場合は、まず「固定費に対する限界利益の貢献の最大化」ができているかどうかを問うべきなのである。すなわち「空き」を埋めていくことであり、そのためには価格を下げても（変動費がカバーされている限りは）収益は増えるのだ。

ただし、これは短期的なアプローチである。

長期的なアプローチの場合は、固定費そのものを削ることを考えねばならない。たとえば、施設の一部を売却したり、人件費を削ったりすることも必要になるかもしれない。しかし、すぐにできる「固定費に対する限界利益の貢献の最大化」を行なわずに人件費を削減しようとするから、経営がおかしくなるのだ。

まずは、自社の固定費を書き出す。そして、それらがどれくらい稼働している（使われている）のかを調べる。そうすると、いろいろなアイデアが浮かんでくるはずだ。

たとえば、アミューズメント施設の観覧車で考えてみよう。

観覧車の維持・運転コストは固定費だ。営業時間中は観覧車を動かしている必要がある。だが、実際の利用率はどうか。当然、土曜・日曜・祝日の午後や夜は混雑し、平日の昼間はガラガラという事態が想定できる。利用客が少ない平日の時間帯は、現状では「固定費に対する限界利益の貢献の最大化」ができていないことになる。

では、平日の稼働率を上げる＝「固定費に対する限界利益の貢献の最大化」をするにはどうすればよいか。

最も多い誤りは、公に示す価格をいじることだ。たとえば、ウイークエンドは1000円のところを平日は400円とする。たしかに一時的に稼働率は上がるだろう。だが、ウイークエンドに訪れた客は、この料金表を見てどう思うか。せっかくここまで来たけれど、平日より600円も高い、割高だ、と感じる。

これを「スピルオーバー効果」という。費用を負担した者（ウイークエンドの利用客）に提供される便宜が、負担しない者（平日の利用客）にまで及んでしまう、ということだ。

結果、不平等感だけが残り、いずれこの観覧車は一律１０００円の値段に戻すか、赤字覚悟で一律４００円にするしかなくなる。いずれにしても、以前にも増して利用客は減ってしまうだろう。

顧客を「シールド」する

ではどうするか？

私なら、客のグループを「シールド化」する。つまり、通常料金より安く利用できたということが、他の利用客に波及しないようにするのだ。特定のターゲットを狙って効率的に狭い範囲で行なう広告や販売促進活動のことを「ナローキャスティング」というが、そのやり方だ。

たとえば、ＧＰＳを利用して、ＬＩＮＥなどで観覧車の近くに来ている人たちのスマートフォンめがけて、メールを送る。「今から3時間以内に観覧車に乗る方は、このメール画面を提示していただければ、４００円で利用できます」とやるのだ。平日にウイークエンドの１％しか利用客がなかったような場合、こうしたナローキャスティングで５％まで上げることは比較的たやすい。

観覧車の料金を一定にして、その代わりに同じ施設が運営するカフェの無料券を配るという手もある。コーヒー1杯500円を無料にするのだ。

500円のマイナスじゃないか、と思うかもしれないが、決してそうではない。コーヒー1杯の原価はだいたい10％だ。500円ならば50円にすぎない。しかもカフェに呼び込めれば、それだけで終わらない。お茶だけ飲んで帰る人は少ないからだ。施設のショップで買い物をしていく客も増えるだろう。そうすると、施設全体の稼働率が上がる。「1歩譲って5歩もらう」というやり方だ。当然、こうした無料キャンペーンは、あくまでも平日の稼働率を上げるための方策だ。ウイークエンドも同じことをやったら意味がない。

重要なのは、客をセグメント（区別）し、かつ他の人に知られないようにする（シールドする）ということだ。他の人に、ある特定の客が得た利益がわからないようにしておかねばならない。

アメリカに「ザ・ハーツ・コーポレーション」という国内シェア第1位のレンタカー会

社がある。「ハーツレンタカー」という名で、世界145か国で1万3000か所以上の営業所を展開しており、日本ではトヨタレンタカーと業務提携している。海外旅行の際に利用したことがある人も多いだろう。

私の好きなやり方ではないが、ハーツレンタカーは利用客が所属する企業によって、価格そのものをセグメントしている。

たとえば、利用時に受付で勤務先を記入する際、マッキンゼー・アンド・カンパニーと書いたとしよう。そうすると彼らは、手元にある名簿でマッキンゼー・アンド・カンパニーの名前をチェックし、「優良顧客なので○割安くします」と提案してくる。大企業や優良顧客に対して、他人に聞こえないようにあからさまな優遇策をとっているのだ。

ほとんどの日本人はこうした情報を知らないが、実はアメリカでは所属企業ごとに明らかな客のセグメンテーションが行なわれている。

なぜそんなダンピングをするのかといえば、「固定費に対する限界利益の貢献の最大化」という意識が強いからだ。

「飛行場のすぐ近くの駐車場に1000台の車を用意してお待ちしております」と言った

ところで、利用客がなければ宝の持ち腐れだ。レンタカーは固定費にほかならず、遊ばせておけば利益を圧迫する。ならば割引してでも稼働させたほうが得だ、という判断になる。しかも、企業の規模や利用率ごとにディスカウントレート（割引率）も異なっており、損をしないようにきちんと計算されている。ダンピングしてでも繰り返し利用する上客を確保することのほうが、利益の観点でも稼働率の観点でもプラスになるのだ。

アメックスが世界で支持される本当の理由

アメリカでは、こうした顧客の囲い込みが盛んである。

好例はクレジットカードの「アメリカン・エキスプレス（アメックス）」だ。日本では、VISAなどに比べるとアメックスを使えるところは多くはないが、日本以外の国々でビジネスマンが利用しているのは圧倒的にアメックスだ。

なぜか？　実は、アメックスは法人全体の決済も請け負っているからだ。アメックスと契約している企業は、社員全員にアメックスカードを持たせる。出張では、レンタカーもホテルもアメックスで払わせる。そうすることで、経理処理が容易になるのだ。

それだけではない。アメックスは、ハーツレンタカーと同様に、企業ごとにディスカウントトレートが違っている。ホテルやレンタカー会社、レストランなどと個別に交渉してへビーディスカウントを可能にし、その上で「あなたの会社の社員はこちらのホテルなら、通常料金の30％オフで宿泊できますよ」と提案するわけだ。企業によって、50％オフや20％オフというケースも出てくる。

企業にしてみれば、アメックスのカードを持たせるだけで出張費が安くなるのだから、それを利用しない手はない。ホテルやレンタカー会社にしても、たとえへビーディスカウントであったとしても、優良顧客の利用が増えて稼働率が上がるならば、それに越したことはない。三方丸く収まり、皆がウィンという関係が成立するのだ。日本ではまだ、アメックスは日本企業の法人部門を取り込めていないので、アメックスの強さがわからないだけだとも言える。

さらにアメックスは、大都市の一流レストランの最も良い席をプラチナカードメンバーなどのために常にリザーブしていて、上客がその街を訪れた際は、リザベーション（予約）まで請け負ってしまう。トラベル・コンシェルジュの役割も果たしているのだ。アメックスは旅先での上質なサービス＝アメックスカードを使う機会を提供しているのである。アメックスが、クレジットカードの世界シェア4位でありながら、一貫して「ステイタス性では世界ナンバーワンのクレジットカード」と言われ続ける理由が、ここにある。

私は日本の旅行会社に、アメックススタイルのプライシングをすべきだという提案をしたことがあるが、その会社はピンとこなかったようだった。法人向けに、しかも個別にディスカウントレートを変えて安い価格でサービスを提供するという発想がないのである。ホテルやレンタカー、レストランなどは、固定費産業であるがゆえに「固定費に対する限界利益の貢献の最大化」のためにどうしたらよいか、常に頭を悩ませている。そこに、へビーディスカウントしてくれれば一定の客を回すという提案があれば「渡りに船」のはずだ。

固定費は、遊ばせておいたら金を生まない。遊ばせておくぐらいなら、少しでもいいから費用を回収する。そこにアイデアの芽があるのだ。

ラストミニット・ドット・コムの成功

「固定費に対する限界利益の貢献の最大化」に関する事例をもう少し見ていこう。

わかりやすく言えば、「固定費」はビジネスチャンスになるということだ。前述したクリーニング店のように、お互いにネットワーク化することで、稼働率を上げる。これは中小の固定費産業には有効な手立てである。もう1つはアメックスのように、相手の「固定費に対する限界利益の貢献の最大化」に寄与しますよ、という立場でアイデアを出し、利益を得るという考え方だ。

前者のパターンは日本でも成功例が多いが、後者となるとなかなかうまくいっていないようだ。外国での後者の成功例が、イギリスのオンライン旅行会社「ラストミニット・ドット・コム」(http://www.lastminute.com)だ。

これは1998年にサービスをスタートした会社で、「lastminute」——文字通り「ぎりぎり」の駆け込み予約に絞って、ホテルや航空券などを破格の安さで提供している。創業したのは、マーサ・レイン・フォックスという女性で、彼女が20代の時の創業だ。

ラストミニット・ドット・コムの賢いところは、不特定多数の人に情報を送る「ブロードキャスティング」ではなく、特定のセグメントの客に情報を提供する「ナローキャスティング」に徹したことである。「○○さん、あなたにだけ耳寄りな情報をお届けしますよ」という形で情報を送ったのだ。

具体的にラストミニット・ドット・コムは、どのような情報をナローキャスティングするのか？

ロンドンで働く大企業のビジネスマンを想像してもらいたい。独身、彼女あり、資金は豊富。しかし、時間がない。そういう人物像だ。

ラストミニット・ドット・コムは金曜日の夕方、そのセグメントのビジネスマンに狙い撃ちでメールを送信する。そこには、パリでの詳細なデートプランが書かれている。

宿泊は、シャンゼリゼ通り近く、５つ星の「オテル・ジョルジュサンク」（フォーシーズンズ・ホテル・ジョルジュサンク・パリ）。通常は1泊８００ドルはくだらないが、金曜の夕方の時点で部屋が空いている。誰も泊めないで売り上げゼロになるよりは、ダンピングしてでも宿泊客がいたほうが利益は上がる。「固定費に対する限界利益の貢献の最大化」の考え方だ。そこにラストミニット・ドット・コムは手を貸すわけだ。ホテルと交渉し、1泊800ドルのところを250ドルでいいですよ、と客に提案する。

しかし、これだけでは日本にもあるホテル予約サイトと変わらない。ラストミニット・ドット・コムはさらに、ロンドンからパリまでの航空券、ディナーの店、食事の後のディスコまで提案し、「お2人ワンパッケージ、400ドルでどうですか？」と提案する。もちろん、食事の席もキープする。ディスコが混んでいる場合は、黒服に「ラストミニット・ドット・コムを見た」と伝えれば、裏口から入れてもらえる手筈になっている。まさに至れり尽くせりだ。

このコンセプトは、ホテルの空室、飛行機の空席、レストランの空席……そうした固定費産業の「稼働していない固定費」を集めてパッケージ化して売り出すということだ。

こうした予約のパッケージは、1か月前、1週間前にやろうとしてもうまくいかない。航空会社もホテルもレストランも、価格を下げる意味がないからだ。だが、1日前ならどうだろう？　その日ならどうだろう？　稼働率を上げるためには、ダンピングしたほうが得になる。ラストミニット・ドット・コムはそこに目をつけたのだ。

ラストミニット・ドット・コムから情報をナローキャスティングで送られたビジネスマンにとっても、これは願ってもない提案だ。「よし、今からパリに行こう！」と彼女をデートに誘えば彼女も飛び上がって喜び、株が上がることは間違いない。実際、イギリス国内で非常に評判となり、創業者が２００５年に会社を手放した時には、何と５億７７００万ポンド、日本円にして約１０００億円の値がついた。

新聞に全面広告を打つ愚

今この瞬間をお得な価格で楽しむ。

このコンセプトはロンドンから世界中に広がった。実際、日本にも２００２年に株式会社ラストミニット・ドット・コムが誕生し、専用のサイトもできた。ところが、この会社は５年ももたず、２００６年にひっそりと解散した。「固定費に対する限界利益の貢献の最大化」という考え方が日本では通底していないせいだろうか。それとも計画好きの日本人には、「今この瞬間」という人生の楽しみ方に価値を見出せなかったのだろうか。

固定費の議論から外れるが、これからのユーザーの取り込み方は、ナローキャスティングが一般的になるだろう。テレビのＣＭや新聞広告といったブロードキャスティングでは、もはや購買意欲はかき立てられないということだ。

オンライン通販「アマゾン」はすでに実践している。アマゾンのページを開けば、「おすすめ商品」が表示されるはずだ。これは、それまでの購買履歴や閲覧履歴をアマゾンが分析し、その上で類似の商品を表示しているのだ。大量のデータを解析するデータ・マイニングの技術を使って個人の情報を収集・分析し、その人に絞って広告を打つという意味では、「ポイントキャスティング」と言ってもよいだろう。

その一方で、不特定多数に告知するブロードキャスティングはますます効率が悪くなっている。たとえば、日本経済新聞の全面広告の費用は公称約２０００万円だ。日経の販売部数は、３０２万１０８０部（２０１８年７月時点／日本ＡＢＣ協会公査朝刊販売部数＋電子版有料会員数）。では、この約３０２万人の購読者のうち、その日の日経の全面広告を覚えている人は、どれほどいるだろうか。経営者は「日経に全面広告を出した」という満足感を得られるかもしれないが、費用対効果は非常に薄い。私は冗談で周囲に「日経に全面広告を出した会社の株は売ることにしています」と言っているくらいだ。

ナローキャスティング、ポイントキャスティングという方法は、固定費産業と相性が良い。シネマコンプレックス、劇場、レストラン……「空き」があるなら、ナローキャスティングやポイントキャスティングで、セグメントしたユーザーを狙い撃つ。その際に、どうやってユーザーを分けるのか、どのように「あなただけよ」というお得感を出すのか、どんなパッケージにすればよいのか。それはアイデア次第だろう。要はユーザーにとって、「価格」だけでなく、どれだけ魅力ある「付加価値」を出せるか、ということだ。

ここでのポイントは次の2つだ。

①「固定費」を遊ばせていては、利益は生まない。稼働時間を分析して混んでいない時には値段を下げてでも稼働率を上げよ。
②稼働率を上げるには、ナローキャスティング、ポイントキャスティングの方法で顧客をシールドする。

固定費を削って利益を確保しようとするのではなく、今まで稼働していなかった曜日、時間帯に稼働することはできないか、という発想だ。固定費は言い換えれば「資産」である。それを遊ばせておくのはもったいない。遊ばせておくぐらいならナローキャスティングやポイントキャスティングで、ユーザーを取り込んでしまえばよいのである。

5 デジタル大陸時代の発想(Digital Continent)

——高速化した変化のスピードについていく方法

AG34年

２０１８年は「ＡＧ34年」である。〝紀元〟からすでに30年以上経ったかと思うと、感慨深い。

「ＡＧ」とは、「After Gates＝ゲイツ後」の略である。「マイクロソフト」の創業者ビル・ゲイツは、１９８５年11月、「Interface Manager」というコードネームのウインドウズ１号をこの世に送り出した。ビル・ゲイツの表舞台への登場こそ、その後のネットワーク時代の幕開けを告げるものであり、この年をもって私はネットワーク時代の「紀元」としてきた。１９８５年はそれだけではなく、「ＣＮＮ」がアトランタから世界中にニュースの発信を始めた年でもあり、コンピューターメーカーの「ゲートウェイ」が設立された年でもある。

こうした企業は、強力なリーダーによって牽引され、大都市ではなく地方都市に誕生した。それまでの既存の企業とはまったく異なる概念、意識を有していた。そして彼らによって、その後の世界は変わっていく。

この年を境に社会は大きく変貌したのであり、それ以前の時代は、BG――「Before Gates＝ゲイツ前」なのである。

ビル・ゲイツは同時に、個人で世界を変革した人物でもある。ゲイツ後（AG）の世界は、個人の発想力・イノベーション力が必要とされる時代であるとも言える。

私はAG17年の2001年に、『THE INVISIBLE CONTINENT』（「見えない大陸」／邦訳『新・資本論』東洋経済新報社）を上梓し、これからのビジネスでは「富はプラットフォームから生まれる」と説いた。

プラットフォームとは、鉄道の駅のホームを意味するが、私はこれをコンピューター用語に持ち込んだ。非常にシンプルであり、多くの人々に受け入れられているために、他の多くの製品がそれらに合わせて機能するように設計されるようなハードウエアやソフトウエアのことをプラットフォームと表現した。いわばプラットフォームは「共通の場」を形成するスタンダード（標準）のことである。

たとえば、言語ならばプラットフォームは「英語」だろう。パソコンのＯＳ（基本ソフト）はマイクロソフトのウインドウズ、検索エンジンはグーグルが世界のプラットフォームだ。それに加えて今は、クラウドコンピューティングやＳＮＳを含めたネットワークという要素が不可欠になった。

ただし、こうしたプラットフォームは、鉄道のゲージ（車輪の幅）やＪＩＳ規格のように、工業化社会の各種の標準と同じものではない。これらはたいてい、国によって決められているが、現在のプラットフォーム――見えない大陸の姿を決めるのは、ユーザーである。

たとえば、かつてソニーのベータマックスと、日本ビクター（現ＪＶＣケンウッド）と松下電器産業（現パナソニック）が中心となって推進したＶＨＳは、どちらがプラットフォームとなるのか、その覇権を争った。俗に言う「ビデオ戦争」だ。技術的にもダウンサイジング的にも、ベータのほうが優れていると言われていたが、勝者はVHSだった。勝者を選び出したのは他の誰でもない、ユーザーだったのである。

こうした規格争いはその後も続いた。たとえば、LDとVHDが覇権を争い、一時はLDが勝ったかと思われたが、その後、DVDに一気に駆逐された。DVD自体は、「R／RW」か、「+R／+RW」か、というユーザーそっちのけの不毛な規格争いに終始し、今やブルーレイディスクに凌駕されてしまった。否、こうしたメディアすべてをネットというプラットフォームが覆い尽くしてしまったと言ってもよいかもしれない。

なぜデジカメの商品寿命は短かったのか

大方のプラットフォームをめぐる競争は、1人勝ちによって幕を閉じる。絶対的な勝者の周囲に、小さな隙間市場を埋めるニッチ・プレイヤーが数社残る、という状態に落ち着くのだ。

しかし、ビデオ戦争で振り返ったように、プラットフォームの支配力は永久に保証されるわけではない。プラットフォームは、他より優れていたからプラットフォームとして選ばれたのではなく、単に多くのユーザーを集めたからプラットフォームになったのだ。であれば、これまで以上に入りやすい門戸を持ったプラットフォームを開発・提案できれば、それまでのプラットフォームを駆逐することも十分可能なのである。

そして、現在のビジネスの特徴は、ビデオ戦争の末路がそうであるように、もはや単体としてのハードウエアがプラットフォームたり得ない、ということである。つまり、ビジネスのトレンドは根本的に変わり、もはや単体としてのハードウエアが富を生む時代は終わったのである。

その象徴は、日本企業が磨いてきたデジタルカメラやポータブルオーディオレコーダーといった単体のハードウエアだ。これらの技術は、すべてスマートフォンやタブレット端末の画面上のアイコンになってしまった。個々の「デジタルアイランド」が合体し、スマートフォンやタブレット端末という「デジタル大陸（Digital Continent）」に収斂《しゅうれん》されたのである。

つまり、今や私たちは誰もがデジタル大陸の住人なのである。その立ち位置から、物事を発想しなければならない。ハードウエアに拘泥していては、この大陸でサバイバルできないのである。

ではどうすればよいか?

たとえば、カメラで考えてみよう。

世界で初めて「カメラで写真を撮った」のは、1826年のことだと言われている。フランスのニエプスという化学者によってなされた。やがて1841年に「ネガ・ポジ法」、1851年には「湿板写真法」、1871年には「写真乾板」という方法が発明される。1880年代にはフィルムが登場した。その後20世紀末まではフィルムカメラ全盛の時代となっていく。

日本で最初に普及したデジタルカメラは、前述したように1995年3月発売の「QV-10」(カシオ計算機)である。ここから急速にデジタルカメラがプラットフォームとなっていくのだが、フィルムカメラが誕生してからデジタルカメラに移行するまで、100年以上の歳月が経過している。こうした流れの中では、単体のハードウエアが富を生む。技術競争が、ビジネスの1つの柱だったのだ。

だがその後、デジタルカメラはどうなったか。

2000年11月にJ－PHONE（現ソフトバンク）からデジタルカメラつき携帯電話「J－SH04」（シャープ）が発売されて以降、デジカメは携帯電話の機能の1つになってしまった。もちろん、デジカメの技術開発は続いている。現に2015年9月、キヤノンは「世界最高画素数である約2億5000万画素のCMOS（固体撮像素子）センサーを開発した」と発表した。「QV－10」は総画素数25万画素だったので、20年で画素数は1000倍になったことになる。

だが、デジカメ単体の存在感は、相対的に下がってきている。今や一般的な若いユーザーは、デジカメなど持たない。スマホ内蔵のデジカメが、その役目を担っているからだ。デジカメは、スマホやタブレット端末という「デジタル大陸」の一部となってしまったのである。

小さな穴を通して外の景色を見るというカメラの概念が考え出されたのは紀元前のことなので、カメラが誕生するまでに1800年以上の年月がかかった。フィルムカメラからデジタルカメラに移行するまでに100年。携帯電話に取り込まれるまでに5年。誰も、この加速度は予想できない。この変化のスピードの速さに対応しきれず、企業も個人も苦心しているのだ。そしてこうした変化スピードの信じられない速さこそが「AG＝ゲイツ後」の特徴であり、「デジタル大陸」そのものなのである。

だが、逆の見方をすれば、このスピードについていくことができれば、新しい事業のチャンスも巡ってくると言えるだろう。

5年後の生活を予測する

では「デジタル大陸」の変化スピードについていくためにはどうすればよいのか？

まず、デジタル大陸の近未来の姿を頭に思い浮かべることだ。今の姿を把握しようとするのではなく、「5年後にどうなっているか？」という問いを立てるのだ。つまり、自分なりに予測し、準備するということである。デジタル関連産業がネットワーク化（大陸化）することによって、どうなっていくのかを考えると、新しい事業機会が予見でき、逆に淘汰される側にあるならば、対応策を考えることができる。

私が勧めている発想法は、「この商品をどうするか？」と考える「プロダクトからの発想」ではなく、たとえば「5年後にリビングルームはどうなっているか?」という全体像から考える方法だ。

現在のリビングルームは、テレビ、ブルーレイ(DVD)プレイヤー、衛星放送のチューナー、コンソールマシン(据え置き型ゲーム機)、無線LAN、大容量HDD、パソコン、デジカメ、ステレオといったデジタル機器が独立して存在する。この現状にユーザーが満足しているかと言えば、そうではあるまい。

おそらく5年後には(もしかするともっと早く)、すべてのデジタル機器がIoT(モノのインターネット)によって融合するだろう。デジタルコンテンツは1つの大容量HDD(またはクラウド上のスペース)に集約され、無線LANですべてのハード機器がつながるだろう。

では、そういうリビングルームで自分たちができることは何か、提供できる商品やサービスは何か、と発想していくのである。まず5年後の生活を思い浮かべ、そこから商品やサービスに落とし込むのだ。

プロダクトからの発想の問題点は「発想がその商品の域を出ない」という点である。たとえば、いくら「デジタルカメラは5年後にどうなっているか?」と考えても、今のデジカメ以上のものは出てこない。5年後には画素数が200億になっている、と予測してみたところで意味がないのである。なぜなら、それは「技術」の予測にしかすぎず、「生活」「ライフスタイル」の予測ではないからだ。

ここで予測すべきは「5年後の生活・ライフスタイル」そのものなのである。

しかし「生活」といっても漠然としているので、対象を絞る。たとえば、こうしたものが予測の対象となるだろう。

●自動車
●リビングルーム
●スマートフォン
●コンビニエンスストア
●ホームサーバー
●GPS

私は数年前に「自動車の5年後」を、こう予測した。

「携帯電話（スマートフォン）を自動車の鍵やナビゲーションにすることで、駐車場を自動で探したり、安全運転の度合いを自動車保険料の設定に適用したり、走行データを新しい道路建設の正当性検証に使うことが考えられる」

実際、2015年2月、アップルは、ブルートゥース（Bluetooth）機能（近距離でのデータ転送無線規格の1つ）を通してiPhoneで車を解錠し、エンジンをかけることを可能にする特許を取得したというニュースが流れた。さらにアップルは、電気自動車にタブレット端末を取りつけて自動運転することを可能にする特許も取得したという。私の予測は当たったわけだが、それでも考えていた以上に実現化のスピードは速い。

すでにアメリカでは、スマートフォンによって高校生のテストのやり方が変わってしまった。

現在、スマホでグーグルやヤフーの検索は実にたやすくなった。何かわからないことがあったら、すぐにスマホで検索する。これが今やスタンダードだ。となると、知識を持っているかどうか、覚えているかどうか、ということは、もはや問題ではなくなってくる。そこでアメリカの高校の一部では、「カンニングOK」にしてしまった。試験中にスマホで検索してもよいことにしたのである。その上で、知識を問うのではなく、レポートや論文を書かせる。ネット上の知識を駆使して、どれだけオリジナルの論を展開できるかに評価軸を変えたのである。

一方、試験にはスマホ持ち込み禁止、と杓子定規にやるのが今の日本だ。しかし、その日本では、大学の卒論や博士論文で、平然とコピペが横行している。「カンニングOK」と「スマホ持ち込み禁止」、いったいどちらがデジタル大陸を生き残るだろうか。

ソニーの黒字のカラクリ

デジタル大陸で生き残るには、餅は餅屋ではないが、わかっている若い人間の発想を利用するという手段もある。

スマホを使いこなせていない人間に「スマホの5年後は?」と予測させても、どだい無理な話である。

バラバラの島だったデジタル機器が、ネットワークやコンセプトやアプリケーションによって1つにつながり、デジタル大陸化してしまった——それが現代なのである。デジタル大陸を開拓するには、優秀なナビゲーターが必要だ。自分たちがそれになれないならば、別の人間を使えばよい。そこをわからずに何でも自分たちでやろうとするから、歴史ある大企業が新興のＩＴ企業にひっくり返されてしまうのだ。

つまり、必要なのは企業、世代、性別、国籍、宗教などを越えたコラボレーションなのである。

「これが自分たちの社風だ」「カンパニーのカルチャーだ」とこだわっていないで、別の会社、あるいは個人と手を組み、デジタル大陸を肌で感じている人間の脳を、ブレークスルーの起爆剤として利用するのだ。協力してくれる会社や個人は何でも取り込んでいく、というアグレッシブさが必要だろう。そうした際にたいがい社内からは、新しいものや新しい人材を受け入れることに対する拒否反応が出てくるが、それを恐れていては、いずれデジタル大陸で迷子になってしまう。

ビジネスに携わっているなら、若者からベテランまで誰もが「デジタル」「ネット」「スマホ」が当たり前だと考えているだろうが、それでもビジネスの発想となると、デジタル大陸を基本にして考えることに対しては、なぜか抵抗感が強い。

しかし今の時代は、会社の中でデジタルの本質が何なのか、徹底的に議論する必要がある。その脅威を組織で理解し、共有する。そして勝者の側に立っている企業が何をやっているのか、徹底的に研究する。それをトップ自らが毎日のように行なわなければ、組織は危機感やビジョンを共有できないし、新しい発想も生まれてこない。

ところが、日本企業の多くは、その危機感が乏しいばかりか、過去の成功体験にしがみついている。

たとえば、ソニーもまた、デジタル大陸時代を想像できていない会社の1つである。デジタル化において世界を先導してきたのは他でもない、ソニーである。ところが皮肉なことに、本格的なデジタル時代になってひっくり返ったのもまた、ソニーなのだ。これは「デジタル時代は先発優位ではない」ということを端的に示している。後発企業が、スピードとスケール感によって先発企業を簡単に追い抜いていくのだ。

とくにハードウエアの場合はそれが顕著だ。デジタル化の際立った特徴の1つは、商品の「コモディティ化」が加速することである。同じチップを使っているのだから、必然的に先発でも後発でも商品の基本性能に変わりはない。先発優位のアナログ時代と比べれば、デジタル時代は後発優位とまでは言わないが、決して後発劣位ではないのである。

ソニーは当時の平井一夫社長兼CEOが「スマホ」と「ゲーム」に注力すると宣言し、再生の切り札として「プレイステーション4（PS4）」を2013年11月から北米を皮切りに世界各地で発売した。スマホの「Xperia」は赤字が縮小した。その結果、ソニーの2015年4～12月期連結決算は、純利益が2361億円の大幅黒字となった。新聞には「ソニー再生」の文字が躍り、平井CEOの戦略が当たったとの評価もあった。

だが、私はそうは考えない。ソニーもまた「デジタル大陸時代を生きる」という覚悟や発想がないからだ。

たとえば、ソニーは2011年3月期から2015年3月期の間の累積赤字が9291億円にのぼった。この間、従業員数は16万8200人から13万1700人に減少した。パソコン事業の「VAIO」を売却し、テレビ事業の「BRAVIA」を分社化した。おそらくテレビ事業も近い将来、売却するのだろう。

ゲーム事業にしても、これからの時代、コンソールマシンがプラットフォーム化することはあり得ない。PS4のために資金と人材が投入されたからといって、一時的には好調でも、大きな収益を上げられるゲームソフトが次々と誕生するという時代は、もうやってこないのである。「Xperia」もコモディティ化は避けられず、ボリュームだけで収益が出ないという業界の流れは変わらない。

つまり、ソニーの久しぶりの黒字は、「デジタル大陸時代を生きる」方法論を見出したのではなく、単に、リストラや事業売却などの固定費削減の効果が表れたということだろう。実際に儲かっているのはソニー生命やソニー銀行などを傘下に持つソニーフィナンシャルであり、アップルなどのスマホ向けに提供しているCMOSイメージセンサーというデジカメ用モジュールなのである。つまり金融と部品で復活したのだ。

ソニーのような大きな会社がつまずく理由の1つは、過去の成功体験に引きずられるからだ。もともとソニーの特色は、「世の中にないもの」を作り出すことだったはずだ。「世の中にないもの」だったからこそ人々を魅了し、優秀な人材が集まってプラットフォームを生み出せたのである。

だが、今のソニーはどうか？「不動産が儲かる」となれば本社ビルを売り、「スマホが儲かる」となればスマホ事業に過剰投資をする。

「今までやってきた中でパソコンとテレビは儲からないからやめましょう」

「〝夢よ、もう一度〟でコンソールマシンをやりましょう」

「Ｘｐｅｒｉａをここで思い切り伸ばしましょう」

過去の延長線上で、こうした足し算・引き算の意見しか出なかったことは、想像に難くない。もし、久しぶりの黒字で方向が間違っていなかったと思っているならば、それこそソニーの終わりの始まりだろう。

デジタル大陸を進め

ソニーが苦しんでいるのは、「5年後の生活・ライフスタイルはどうなっているか？」という想像力がないからだ。全体像が描けていないのである。

たとえばソニーの場合、（今は別会社となった）ＶＡＩＯ部門の人はＶＡＩＯのことしか考えなかった。仮に5年後を描いたとしても、それはあくまでＶＡＩＯの5年後だった。

同じように、テレビ部門の人はテレビのこと、PS4部門の人はゲームのことしか考えない。自分たちの事業部だけの計画を立てて満足してしまう。それぞれ足してみたらどうなるか。全体像はどうなるか、という大きな枠組みでものを考えることができていないのである。ハードウエアごとにあったデジタル島《アイランド》が1つの大きなデジタル大陸《コンチネント》となり、すべてが相互につながってきたという姿が見えていないから、担当者たちは過去の延長線上でしか考えられないのだ。また、トップはそういうタコツボ人間の個々の瞬間芸を見て判断するので「方針」が毎年コロコロと変わってしまう。ここに大きな問題がある。かつての雄も、世界中が尊敬した企業も、「デジタル大陸時代」の発想をしなければ置いていかれてしまうのである。

アメリカのGE（ゼネラル・エレクトリック）も、日本のメーカーにシェアを奪われて家電を失っていくプロセスで、さまざまな事業に手を出した。航空機のエンジンを製造したり、放送局を買収したり、金融を始めたりした。この30年間でドラスティックな事業再編を行ない、事業のポートフォリオを大きく変えてきた。「変わらなければ生き残れない」からだ。現在は、GEが変わっていった時代よりもさらに過酷である。企業も個人も

「デジタル大陸時代」の住人であるという意識を持ち、新たなサバイバル・ルールに順応していかなければ、生き残れないと肝に銘じるべきだろう。

ここでのポイントは次の２つ。

①個々のデジタル機器がインターネットなどによってつながり、「デジタルアイランド」が、「デジタル大陸」になりつつあるという現実を認識する。

②その上で「5年後の生活・ライフスタイル」を想像し、そこからサービスや商品に落とし込む。

「あの頃はよかった」と、過去を賛美してはいけない。なぜなら、その時代にはもう戻れないからだ。私たちは未だ全貌が見えない「デジタル大陸」の中を、自分の航海図を頼りに進んでいくほかないのである。

6
早送りの発想
(Fast-Forward)
──「兆し」をキャッチする重要性

グーグルの動きを「ヒント」にする

日本に鉄砲（火縄銃）が伝わったのは、桶狭間の戦いの17年前、1543年のことと言われている。ポルトガル人を乗せた南蛮船が種子島（鹿児島県）に漂着した際に手にしていたのが、当時の最先端の武器、火縄銃だった。

当時の日本人は、この「兆し」を的確にとらえた。火縄銃はすぐに国産品が作られ、瞬く間に全国に広がった。戦国時代末期には、日本は50万丁以上を所持していたと言われており、これは当時としては世界最大の銃保有数だ。50年足らずで、世界のトップに躍り出たのである。

日本は、いわば上手に「カンニング」してきた民族である。飛鳥・奈良時代は中国大陸や朝鮮半島の技術や文化を取り入れ、明治維新以降は欧米のそれを取り入れた。「物真似文化」という言われ方もしてきたが、何もそれを恥じることはない。

これから説明する「早送り（Fast-Forward）の発想」は、まさにいかにして「カンニング」するか、という話である。

新しい概念というものは、実はすでに存在していることが多い。きちんとした形になっていなかったとしても、その「萌芽」は必ずある。それが大きなうねりとなった時に顕在化するだけなのだ。つまり、かつての日本人がわずか数丁の火縄銃に萌芽を感じ取り、それを取り込んでいったように、今、世界中のどこかで起こっている「先行的な事例」や「先行的な企業」、あるいは「先行的な個人」をキャッチし、それをカンニングして自分のものとする。これが「早送りの発想」の根本だ。

その際、「先行的な事例」をキャッチすることが重要になってくるが、まずチェックすべきは「グーグル」だ。グーグルで検索しろ、という話ではない。グーグルの動きをチェックするのだ。

２０１０年以降の動きを見ても、グーグルはさまざまなジャンルの企業を買収している。つぶやきソーシャルネットワーク、ソーシャル検索サービス、メールアプリ開発企業、オンライン写真編集サービス、オンラインビデオ配信プラットフォーム、ビジュアル検索、ガジェット開発企業、音声・ビデオコーデック、ディスプレイ広告入札技術、ソーシャルゲーム、音声認識、クラウド音楽サービス……。これだけでも、グーグルがどこへ向かおうとしているのか、ヒントが見えてくるだろう。

手がけている事業も先進的なものが多く、メガネ型プロダクト「グーグル・グラス」や、老化・病気・ヘルスケアに取り組む「Ｃａｌｉｃｏ《キャリコ》」の設立、量子コンピューターの開発などは世間でもニュースになった。最近では、ＡＩ（人工知能）やロボット関連企業を次々に買収し、最新の人工知能ソフトである「テンソルフロー（TensorFlow）」を無償公開すると発表した。独自の自動運転車も開発している。

グーグルはインターネットでもモバイルでも「プラットフォーム化」し、マイクロソフトでも追いつけないようなスピードで動いている。もちろんアップルのｉＯＳに匹敵するモバイルOSのアンドロイドを全世界に無償で提供していることも大きい。今後は定期的にグーグルウォッチャーとなって、変化の「兆し」を見逃さないようにしなければならない。

一万%の伸びを見せる会社に注目する

カンニングサイトは、グーグルだけではない。

左の表を見ていただきたい。

これは「先行的な企業」を見つけ出すのに便利な「デロイトテクノロジーFast500」というランキングだ。世界最大の会計事務所であるデロイト・トウシュ・トーマツが1990年代から行なっているTMT（テクノロジー・メディア・通信）業界の急成長企業を収益（売上高）成長率でランキングし、顕彰するプログラムだ。企業が4決算期（アジア・太平洋地域は3決算期）で何%成長したのかが手に取るようにわかる。

もちろん、スタートのベースが小さければ、それだけ成長率が高くなるのは当たり前だが、1000%を超える成長率は尋常ではない。ということは、ここに何か「兆し」があ

順位	社名	所在地	成長率
●北米地域トップ10			
1	Donuts Inc.	ワシントン州(通信・ネットワーク)	5万9093%
2	ClassPass Inc.	ニューヨーク州(ソフトウエア)	4万6556%
3	Toast	マサチューセッツ州(ソフトウエア)	3万1250%
4	Aratana Therapeutics, Inc.	カンザス州(バイオ・製薬)	3万1242%
5	Theravance Biopharma US, Inc.	カリフォルニア州(バイオ・製薬)	2万1426%
6	Liftoff	カリフォルニア州(ソフトウエア)	1万6981%
7	SalesLoft	ジョージア州(ソフトウエア)	1万3759%
8	ShipHawk	カリフォルニア州(ソフトウエア)	1万3638%
9	iSpot.tv	ワシントン州(ソフトウエア)	1万3323%
10	Cylance Inc.	カリフォルニア州(ソフトウエア)	1万3057%
●ヨーロッパ・中東・アフリカ地域(EMEA)トップ10			
1	Deliveroo(Roofoods Limited)	イギリス(ソフトウエア)	10万7117%
2	Lesara GmbH	ドイツ(メディア)	7万1981%
3	Guide to Iceland	アイスランド(ソフトウエア)	3万0314%
4	youAPPi Ltd	イスラエル(通信)	1万6230%
5	Bloom & Wild	イギリス(ソフトウエア)	1万3818%
6	Yotpo Ltd	イスラエル(通信)	8703%
7	Kiwi.com s.r.o.	チェコ(ソフトウエア)	7165%
8	Deeper, UAB	リトアニア(ハードウエア)	7048%
9	Prusa Research s.r.o.	チェコ(ハードウエア)	6910%
10	Fingerprint Cards AB	スウェーデン(ソフトウエア)	6858%
●アジア・太平洋地域トップ10			
1	Wuhan Douyu Network Technology Co Ltd	中国(通信)	7万0776%
2	Hireup Pty Ltd	オーストラリア(ソフトウエア)	7713%
3	Guangzhou Fengei Network Technology Co Ltd	中国(ソフトウエア)	7481%
4	Qingdao Yeelight Information Technology Co Ltd	中国(ソフトウエア)	7189%
5	WeLab Holdings Ltd	中国(ソフトウエア)	7130%
6	Beijing Duiawang Education & Technology Co Ltd	中国(メディア)	5179%
7	zipMoney Ltd	オーストラリア(ソフトウエア)	4012%
8	Zero Latency Pty Ltd	オーストラリア(ハードウエア)	3611%
9	Egis Technology Inc	台湾(ソフトウエア)	3580%
10	Connexion Media Ltd	オーストラリア(ソフトウエア)	3278%

※「Deloitte's 2017 Technology Fast 500」より。北米地域とヨーロッパ・中東・アフリカ地域の成長率は2013年→2016年のもの、アジア・太平洋地域の成長率は2014年→2016年のもの。

るのではないか、と考えるわけだ。

たとえば、北米第1位の伸び率（２０１３～２０１６年で5万９０９３％）を示したのは、「Donuts Inc.」社だ。同社は２０１０年に創業し、ワシントン州シアトルを拠点にインターネット上の住所を示すドメイン（末尾に付くトップレベルドメイン）の運用や管理・権利保護を行なっている。２位以下は、ニューヨークやボストンのソフトウエア企業が続いているが、「デロイトテクノロジーＦａｓｔ５００」のサイトによれば、ランキングをリードしているのはシリコンバレーの企業で全体の18％を占めているという。

ヨーロッパ、中東およびアフリカ（ＥＭＥＡ／Europe,the Middle East and Africa）で１位の成長率（２０１３～２０１６年）を示したのは、ロンドンのフード・デリバリー企業「Deliveroo」。好きなレストランの料理をバイクや自転車で配達してくれるサービスで、収益成長率は10万７１１７％に達している。

アジア・太平洋地域で7万７７６％の成長率（２０１４～２０１６年）を示してトップに立ったのは、中国のライブストリーミング・プラットフォーム大手の「Wuhan Douyu」という企業。ＳＮＳとオンラインゲーム最大手テンセントの支援を受けているという。アジア・太平洋地域ランキング上位10社の内訳は、中国企業が5社、オーストラリア企業が4社、台湾企業が1社となっており、日本企業では個人のスキルを売買できるオンラインマーケットを運営する「ココナラ」の36位が最上位だった。

「デロイトテクノロジーFａｓｔ５００」のリストを下のほうまで丹念に検討し、ネット検索で業務内容を調べれば、近年の世界経済の潮流や成長の「兆し」が見えてくるだろう。ちなみに、日本の場合は、アジア・太平洋地域でトップ５００に入った企業が46社で、アジアでも断トツの中国の１１９社、急増した台湾の１０１社などの半分以下となっており、寂しい限りだ。

孫正義氏の〝時間差攻撃〟

先行する事例や企業の検討次第では、そうした事業部や企業に対し、提携、買収、業務提携、日本での独占的な展開、投資、第三者への紹介……など、具体的なビジネスチャンスに結びつくこともあるだろう。

こうした「カンニング」は、現代の成功する経営者の基本スタンスでもある。

たとえば、「ソフトバンクグループ」代表の孫正義氏は、自らのビジネスモデルを「時間差攻撃」、あるいは「タイムマシン経営」と称している。アメリカの最先端のＩＴ技術や企業の仕組みを「カンニング」して、その時間差を使って日本で利益を得るという方法だ。

ソフトバンクグループの経営を一貫して支えているのは、インターネットのポータルサイト「ヤフー（Ｙａｈｏｏ！ＪＡＰＡＮ）」である。私はヤフーがなかったら、ソフトバンクは10回くらいつぶれていると考えているが、もともとヤフーは、スタンフォード大学の学生だった台湾生まれのジェリー・ヤンと友人のデビッド・ファイロが創業したウェブディレクトリのベンチャー企業で、事業を開始したのは１９９５年３月である。

孫氏がヤフーに目をつけ、２００万ドル（当時の為替レートで約２億円）を出資したのは、事業開始の８か月後、１９９５年11月のことだ。翌１９９６年１月には、早くも合弁で日本にヤフー株式会社を設立している。本家アメリカのヤフーのつまずきを横目に見ながら日本は独自の発展を遂げ、今や連結の売上高が８９７１億円（２０１８年３月期）という優良企業だ。

ＩＴ先進国アメリカの「兆し」をいち早くキャッチして日本に持ち込み、さらにはアジアに展開していく。これが孫氏の手法だ。

孫氏自身がこう語っている。

「ＬＴＥ（携帯電話の高速通信規格）によって音声中心からモバイルインターネットの世界が一気に進展する。つまり、モバイルインターネットの領域において、もう一度、タイムマシン経営を行う時期に入ってきた。ソフトバンクにとって二巡目のタイムマシン経営になる」（２０１２年10月15日、ＣＮＥＴ Ｊａｐａｎ）

２０１２年には全米第3位（当時）の携帯電話会社、スプリント・ネクステル（Sprint Nextel）を買収したが、これもネットからモバイルへ、という「兆し」をキャッチしてのタイムマシン経営だったのである。

ただし、タイムマシン経営は孫氏の専売特許ではない。

たとえば、コンビニエンスストア。売り上げでは百貨店を凌駕し、10兆円を超える国内市場を有するコンビニは、今や日本全国津々浦々に展開する生活になくてはならない存在になっているが、コンビニが日本に登場したのは、１９７０年代に入ってからだ。日本にコンビニを定着させたのはセブン‐イレブンの功績が大きいが、このセブン‐イレブン自体が「カンニング」なのである。

イトーヨーカ堂の社員だった鈴木敏文氏（前セブン＆アイ・ホールディングスＣＥＯ）が、39歳の時にアメリカで広まりつつあったコンビニの存在を知り、ライセンス契約によって日本に導入したのである。

ハンバーガーチェーンの「日本マクドナルド」にしても、輸入雑貨販売店「藤田商店」の社長だった藤田田氏が、アメリカのマクドナルドに着目し、フランチャイズ権を獲得して日本に導入した（第1号店の出店は１９７１年7月）。藤田氏はこのほかにも、アメリカの玩具大型量販店「トイザらス（Toys〝R〟Us）」（第1号店の出店は１９９１年12月）を、日本でフランチャイズチェーン展開した。

このように先人たちは、「カンニング」によって事業を成功・拡大させていったのである。

「兆し」を早送りせよ

ただ、大事なのは、「早送り」という考え方は、あくまでも先行している市場からアイデアやイマジネーションを受け、自身のマーケットで事業化を構想してみる、ということだ。アメリカで流行しているから日本に持ってくるということと同義ではない。

たとえば、アメリカでパテを何枚も重ねたハンバーガーが流行しているので、それを日本に持ってくる。これは「早送り」ではない。単なるパクリだ。

ここでの肝は、世の中に起きているとても小さな現象（＝兆し）をとらえ、それを自分の中で「早送り」してみるということだ。「デジタル大陸時代の発想」のところで、「5年後の生活・ライフスタイルを想像せよ」と書いたが、それと似た頭の使い方である。早送りしていった時にどんな絵が見えるか、ということである。

先に、孫氏がヤフーに目をつけたエピソードを紹介したが、彼はヤフーがすでに世間に認知されているから出資したのではない。ほんの小さな兆しをとらえ、早送りしてその後の世界を見て、その時「見えたもの」に賭けたのである。中国の電子商取引企業「アリババ」に投資した時も、創業者のジャック・マー氏より多くの株を買っている。当然、そこにリスクはある。実際、孫氏はアメリカの出版社やメモリーメーカー、日本のテレビ局、銀行など、さまざまな業種の企業に出資したり、買収を試みたりしてきたが、そのすべてが成功したわけではない。むしろ失敗のほうが多いだろう。

だが、ヤフーにしろセブン-イレブンにしろ、「早送り」の一度の成功が現在の地位を築いているのだ。彼らは小さな兆しをとらえ、その後に訪れた大きなうねりに乗ったのである。

繰り返すが、「早送りの発想」のポイントは、カンニングや物真似をすることではない。カンニングや物真似はあくまでも「兆し」を探すためであり、イマジネーションを得るための方法である。

ここでのポイントは、次の2つ。

①すべての「新しい概念」は、すでに存在している（世界のどこかにある）と考える。
②小さな「兆し（＝ヒント）」をとらえて高速の早送りを行ない、来るべき未来を想像する。

「早送りの発想」は、アンテナの感度が求められる。常に「流れ」に目を配って「兆し」を発見し、アイデアに結びつけてほしい。

7 空いているものを有効利用する発想
——Uber，Airbnbもこの発想から生まれた(Idle Economy)

ブルドーザーとｉモードの共通項

地下鉄が世界で初めて走ったのは、19世紀のイギリスのロンドンだ。１８６３年１月10日に、メトロポリタン鉄道のパディントン駅からファリンドン駅の間、約６㎞を走った。以後、地下鉄は世界中に広まっていくのだが、これはまさに「空いているものを有効利用する」という発想である。

産業革命の真っ只中にあったロンドンは、すでに建物が密集しており、新たな鉄道の需要があるにもかかわらず、敷設がままならなかった。そこで、「空いているもの＝地下」に着目したのである。今でこそ地下鉄はポピュラーな存在だが、当時のロンドンでは、あまりにも突飛な発想に人々がついていけず、ロンドンの新聞は「空飛ぶ自動車と同じくらい馬鹿げた、常識外れなユートピア」と書き立てた。

この「空いているものを有効利用する」という発想法は、すでに見てきた「固定費に対する限界利益の貢献の最大化（Contribution to the fixed cost）」に似ているが、それとは少し異なる。この考え方は固定費に着目して発想するのではなく、視野を大きく広げて「空いているもの」を見つけ出し、有効利用しようという発想だ。

高層建築を可能にした空中権、二酸化炭素の排出量を国家間で取引する排出権取引なども、「空いているもの」を活用しようという発想である。

これまで実現してきた「空いているものを有効利用」の例を紹介しよう。

「ブルドーザー」

昔のブルドーザーは単純で、片手片足を使って操作するものだった。つまり、もう片方の手足が「空いていた」のである。この「空き」を有効利用できないか、ということで改良を重ね、両手にコントロールレバーを、両足にペダルを配し、バケット（土などを運ぶ部分）を操作しながら車体を移動させることができるようにした。これによって同時進行の複雑な動きが可能になり、生産性を大きく上げることができた。

「NTTドコモ　iモード」

1999年に登場した「iモード」は、スマートフォンが登場する前、携帯電話でのデータ通信として画期的なサービスに発展した。パケット通信網に着目し、音声通話だけでなくデータ通信にも使えるはずだと考えたのである。これも「空いている」通信網を利用するというアイデアから実現したものだ。「iモード」はメールの送受信やウェブページの閲覧などができる「世界初の携帯電話IP接続サービス」だった。以後、他社も追随し、「ケータイでメールもウェブも楽しむ」という日本独特のケータイ文化が誕生し、今のスマホのさきがけとなった。

このような発想は単純に見えるかもしれないが、実際は簡単ではない。実現してみれば

「コロンブスの卵」のような話だが、既成概念にとらわれていると「空いている」という認識が持てず、気づきにくいのだ。それを補うためには、一歩引いて360度を見渡す視点が欠かせない。

ウーバーが変えた世界

私はこの発想を発展させ、近年では「アイドルエコノミー（Idle Economy）」という言い方をしている。

もちろん、歌って踊れるアイドルの話ではない。「Idol」ではなく「Idle」。すなわち機械などの「動いていない」「使われていない」「空いている」といった意味での「アイドル」だ。飲食業界では来客が最も少ない時間帯、工場では機械設備が稼働していない時間帯を「アイドルタイム」と呼び、またそうした待機状態をアイドリング状態という。

空いているリソース（資産）、空いているキャパシティ（容量）、空いている時間、空いている能力……こうしたものは、モノが余る現代において増え続けている。つまり無駄があちこちで生じているわけだ。

その一方で、インターネットの発達によって「アイドル＝空いているもの」を見つけることが非常にたやすくなった。このような時代状況や技術革新を背景にして、あらゆる業界で「アイドル」が大きな事業のチャンスになっているのだ。

実際、シェアハウスやルームシェア、カーシェアリングといった言葉は、すでに日常語となっている。「シェアしよう」という言葉は若者の共通語となり、「シェアリングエコノミー（共有型経済）」という経済用語も生まれた。シェア（共有する）という概念は、自分の持っているものを他人と共有するということだ。私の言うアイドルエコノミーは、所有していない人々がネットで「空き」を見つけて利用させてもらうということで、シェアよりもいっそう、ネットでつながった人々にとっての魅力を追求するものである。そしてここ数年、私たちの生活に「アイドルエコノミー」――空いているものを有効利用するという考え方が浸透してきている。

具体的な動きを見てみよう。

世界各国でタクシー業界に挑戦状を叩きつけているのが、スマートフォンのアプリを使ったタクシー配車サービス「ウーバー（Uber）」だ。
ウーバーは、2009年にアメリカで設立された会社で、スマホの専用アプリから近くにいる〝タクシー〟を呼べるという単純なサービスを提供している。

呼ぶとやってくるのはウーバー保有のタクシーではなく、同社と契約している個人タクシーや個人の一般ドライバーが運転する車である。スマホのGPSを活用して、利用者と接近するのだ。世界共通のアプリで、あらかじめ自国語で行き先が指定できるし、支払いは事前登録したクレジットカードで自動決済される。ドライバーに直接払う必要はない。ユーザーは言葉の通じない外国でも、ぼったくりなどの心配もなく安心してタクシーが利用できるわけだ。

しかも、アプリに行き先を入力すれば、タクシーの到着時間や料金の目安も表示される。ドライバーにとっては現金のやりとりがないので、強盗などの心配が少ない。客にとってもドライバーにとっても、いいことずくめだ。

結果、猛スピードで利用者数が拡大し、すでに日本など世界65か国、600以上の都市で300万人以上の登録ドライバーが動き回るまでになった。既存のタクシー会社やドライバーたちの動揺は激しく、世界各地でサービス停止を求める抗議行動が起こっているほどだ。

しかし、ウーバーの発想は考えてみれば単純である。「空いている車（ドライバー）」とユーザーを結びつけた、という1点なのだから。

「空き」ビジネスはあちこちに転がっている

もう1つは、世界最大級の宿泊予約サイト「エアビーアンドビー（Airbnb）」だ。

エアビーアンドビーは、2008年にサンフランシスコで創業した会社で、その最大の特徴は、個人の所有する家やマンションの空き部屋、あるいは一軒家丸ごとなどの物件を、インターネットを介して宿泊希望者に仲介していることだ。いわば「民泊のプラットフォーム」である。

日本語でも2013年からサービスをスタートし、今では世界の登録物件数が191か国・約500万室で、国内の登録物件数も2018年6月に施行された民泊新法（住宅宿泊事業法）で激減したものの、3万件ほどに達している（2018年10月末現在）。

エアビーアンドビー自体は、建物を一切持たない。空いている旅館の部屋、使っていない個人の別荘、転勤で空けているマンションの一室、子供が独立して使われなくなった子供部屋……こうした「空いているもの」を有効利用しているだけである。

とくに欧米の旅行者は、現地の人々との交流や体験を好む傾向があり、「民泊」はむしろ大歓迎だ。宿泊料金を安く抑えたい人、長期滞在したい人などにとっても利用価値が高い。ゲストの実名やメールアドレスなどによる本人確認を義務づけることで、宿泊させる側のリスクも少ない。

登録してあるスペースを「客室」とカウントすると、客室数だけならアメリカのマリオットやヒルトンなど世界大手のホテルチェーンにひけをとらない。上場はしていないが、推定の企業価値は3兆円を突破し、すでにマリオットやヒルトンの時価総額を上回っている。

そしてエアビーアンドビーのような「場所」や「空間」のマッチングをするサービスは、世界各地で始まっている。空き地、駐車場、屋上、オフィス……有効活用できる「空き」はいくらでもある。

オフィスでの注目株は、「ウィーワーク（WeWork）」だ。この会社は、ニューヨークを拠点に世界各地でオフィススペースをレンタルしている。物件はサブリース――いわば「又貸し」なので、礼金や保証金は必要なく、面倒な契約手続きもない。ネットで簡単にできてしまうのだ。

顧客の中心は起業家やフリーランサーで、コワーキングスペース（事務所、会議室などの共有スペース）として提供している。ニューヨークをはじめサンフランシスコ、オースティン、ロンドン、テルアビブ、トロントなど287か所を超えるオフィススペースを持っていて、すでに26万8000人の顧客が利用しているという。

たとえば東京の場合、銀座「GINZA SIX」は専用デスク（他のメンバーと共用するオープンエリアの専用ワークスペース）が1人あたり月10万5000円、ホットデスク（共用エリアにあるシェアードワークスペース）が同8万7000円、六本木「アークヒルズサウスタワー」は専用デスクが同10万1000円、ホットデスクが同7万2000円で、いずれも満席という人気ぶりだ（2018年10月25日現在）。

しかも、メンバーになれば世界中どこの「WeWork」でも利用できる。「GINZA S

IX」のメンバーがニューヨークの「WeWork」で仕事をしたり、「アークヒルズサウスタワー」のメンバーがロンドンの「WeWork」の会議室で打ち合わせをしたりできるわけだ。「WeWork」を活用すれば、世界のさまざまな都市に事務所を構えることができ、起業家が一気に各地にオフィス展開して顧客に告知することも可能だ。創業わずか8年で推定企業価値2兆円を超える会社に急成長した。

スペースだけでなく、乗り物もそうだ。先に紹介したタクシーだけでなく、ボート、プライベートジェット、バス、自転車……。

今までも、レンタルサービスはあった。だが、レンタカーやレンタサイクルは、会社がユーザーのための乗り物を所有するという固定費ビジネスだ。一方、この「アイドルエコノミー」の流れは、それとは異なる。自分たちで所有せずに「空いているもの」を用意し、かつその時間に使っていない個人・企業と、安く便利に使いたいユーザーとを、インターネットやスマホのアプリで簡単に結びつけるというものだ。

そうやって考えていくと、日本には「空いているもの」が多い。たとえば、日本には約100か所の空港がある。漁港は3000近くもあり、そのうち年間水揚げ高より港湾整備費のほうが高い漁港が2000以上もある。こうした空港や漁港が有効利用されているかと言えば、そうではない。これらをどうにか有効利用できないか、と考えるところから、アイデアが生まれる。

〝個人のスキル〟を貸す

部屋や車の「空き」を活用するのは「固定費に対する限界利益の貢献の最大化」ともつながってくるが、次は固定費とはまったく関係のない例を1つ挙げよう。

それは、エンジニアやクリエイターのクラウドソーシングサービスを手がける「アップワーク（Upwork）」だ。2005年に「オーデスク（oDesk）」という名でスタートした会社で、当初から「オンライン上の職場」と謳《うた》っている。

ここで扱っている「空いているもの」は、「個人のスキル」だ。

エンジニアやクリエイターなどのフリーランサーが、このサイトに登録する。仕事を依頼したい企業は、このサイトに発注する。すると、その仕事内容をチェックしたフリーランサーが個人の意思で手を挙げる。企業はメールやチャットで面接し、条件が合えば仕事が発注される。納品後、「Upwork」を仲介して、発注者から受注者に報酬が支払われる。報酬の10％程度の手数料が同社の収益となる。

私も利用したことがあるが、何しろ安くて便利だ。

たとえば、海外で講演する場合、パワーポイントで作成した20〜30ページの日本語のプレゼン資料を英語に直す必要が生じる。これを日本の翻訳エージェントに頼むと、場合によっては数十万円かかる。ところが「Upwork」を介して仕事を発注すると、10分の1程度で済んでしまう。タガログ語やマレー語など、欧米の言語以外の翻訳を頼んでも、あっという間だ。おそらく1週間もかからないだろう。仕事が終わったら発注者は仕事内容を評価し、その評価を受注者のプロフィール欄に書き込む。高評価を得れば受注者の仕事も増え、報酬も上がっていく。個人の評価につながるので、受注者は仕事の手抜きがしにくい。

アメリカでは「Upwork」以外にも、世界で約2700万人の登録者数を誇る「freelancer.com」やデザインに特化した「99Designs」など、クラウドソーシングが活発になっている。

日本でも「クラウドワークス」という会社がこの分野で伸びている。創業者は私が主宰する起業家養成講座「アタッカーズ・ビジネススクール（ABS）」出身の吉田浩一郎氏である。「雇用を守る」などと言っている政府は、今や「知的ワーク」は「アイドルエコノミー」によって簡単に国境を越え、サイバースペースを通じて世界中に輸出したり、最適地から輸入できる時代であると知るべきだ。

産業革命以来、労働集約型の産業は国境を越えて労働コストの安い場所に移動する傾向が続いている。繊維産業がイギリスからアメリカ、日本へと移動し、さらにはインドネシアや中国に移ったのはその一例だ。こうした「移動」は、労働集約型産業（二次産業）の宿命であるとこれまでは考えられてきた。だからこそ国家を挙げて、それぞれが知的産業を創出しようと努力してきたのである。

だが、今や知的ワーカーでさえも、というより知的ワーカーだからこそ、簡単に国境を越えられる時代になった。それをインターネットと「Upwork」のような「アイドルエコノミー」の企業が支えているのである。

「日本語という壁があるから、知的ワークは海外に頼めないのでは？」と思う人がいるかもしれない。しかし、実際に「日本語のパワーポイント資料を英語に訳してほしい」という仕事を出してみると、やってくれる人が続々と名乗り出る。海外に出向している日本人ビジネスマンの奥さんであったり、留学中の学生であったりする。このように海外で定職を持たないが「極めて優秀」な人は数多くいる。私が頼んだことがある人は、どういうわけかアルメニアに住んでいる日本人だったが、今は日本に帰ってきて同じ仕事を続けている。会ったことはないが、頼りになる〝当社のスタッフ〟なのだ。

クラウドソーシングの時代

ウーバーなどのタクシー配車アプリサービスの登場に危惧を覚えた日本のタクシー業界では、対応策を講じるところが現れ始めた。たとえば日本交通は独自の配車アプリを開発し、サービスの運用を始めている。日本最大級を謳うタクシー配車アプリ「ジャパンタクシー」はGPS機能を活用することで、日本交通グループおよびシステムに相乗りする会社のタクシー約7万台から、近くを走行中の車両を簡単に呼び出すことができる。私は、黒色のタクシーをクリックで指定して来てもらっている。都心なら5分以内に来るし、近づいてくる様子をスマホの画面で見ることもできる。

これでもまだウーバーが本格上陸した時に対抗できるとは限らないが、「アイドルエコノミー」のプレイヤーに対抗できる魅力的な商品やサービスを提供することさえできれば、既存プレイヤーであっても生き延びることは十分可能だ。そのためには、業界の慣習にとらわれずに日頃から「空いているものを有効利用する」ことを意識しなければならない。

逆に言えば、中小企業であっても、発想さえあれば、何でもできる時代だとも言える。なぜなら、資金やスペースはもとより、優秀な人材でさえも世界中から調達できるからだ。

日本国内でクラウドソーシングサービスの先頭を走るのが先に紹介した「クラウドワークス」だ。すでに2014年12月にマザーズ上場を果たしている。エンジニアやウェブデザイナー、コピーライターや声優、ライターや翻訳家など、クリエイターに特化したクラウドソーシングサービスを行なっている会社で、すでに登録会員数は200万人を突破している(2018年8月現在)。

同社のビジネスモデルのよく練られている点は、「固定報酬制」だけでなく、時間単位で仕事の受発注ができる「時給制」も採用していることだ。家事や子育てなどで家庭に収まっていた人材を労働市場に時間単位で引っ張り出すことができるのだ。

たとえば、主婦が自宅で赤ちゃんを寝かしつけたわずかな時間に「クラウドワーキング」が可能になる。もちろん「予算は5万円しかないが、誰かこの商品の宣伝ポスターを作ってくれませんか?」と逆《リバース》オークションすることもできる。応募してきた作品の中で一番良かったものに5万円支払うというルールだ。

現代はすでにあらゆる分野で「空いている人」を使うクラウドソーシングの時代なのである。

ここでのポイントは、次の2つだ。

①既存の思考にとらわれず、360度の視野で「空いているもの」を探す。

②「働いていない」「使われていない」「空いている」ものを有効活用する。そのためにはネットを使ってユーザーとサービスを結びつける。

イノベーション力を持った個人にとっては、「アイドルエコノミー」時代はまさに、望むべき世界だろう。スキルさえあれば、企業に属していなくても、安定した仕事や収入を得ることができるのだ。

これはビジネスマンとて同じだ。現代は、誰もがフリーランサーのように「スキル」を評価される「個人ワーカー」の時代なのである。逆に言えば、スキルがなければ生き残れない時代である。すべてのビジネスマンが、自分の仕事はいつ外注に置き換えられてもおかしくない、という危機感を持たねばならないのだ。

8

中間地点の発想
(Interpolation)

――「業界のスタンダード」を捨てる

新幹線の品川駅の発想

東海道新幹線・品川駅の開業(2003年10月)からすでに15年以上が経ち、利用者の間に違和感はなくなっているが、開業当時は、ちょっとした驚きだった。

新幹線の新駅はこれまで、地元の陳情が理由であることが多かった。たとえば、1988年に誕生した東海道新幹線の新駅、愛知県安城市の三河安城駅(総事業費約137億円)、静岡県富士市の新富士駅(総事業費約133億円)はともに「請願駅」であり、総事業費は地元が負担した。ところが、品川駅に関しては地元の要望はなかった。総事業費約950億円もすべてJR東海が負担した。

東京駅と新横浜駅との間は、新幹線で18分。このわずか18分の区間に新駅を造るなど、当初は誰も思いつかなかった。しかも東京駅から品川駅まで、山手線で12分ほどしかかからないのである。品川駅から新横浜駅までは在来線で30分ちょっとだ。

私のように東京駅から東海道新幹線に乗る人間にとっては、新幹線の全列車が品川駅で停まるのは何の利益もないが、東京の半数くらいの人々は品川駅開業で非常に便利になった。京浜急行が羽田空港とノンストップで結んでいるので、飛行機との乗り換えも楽だ。

実際、利用客も多く、東海道新幹線の1日平均乗客数は東京駅が9・8万人、新横浜駅が3・3万人であるのに対し、品川駅は新横浜駅よりも多い3・5万人だ（いずれも2016年）。京都駅でさえ3・8万人なので、品川駅の3・5万人は非常に優秀な数字だ。

JR東海は新幹線の品川駅開業に向けて品川駅周辺の再開発も進めていたので、総事業費約950億円はすでにペイできたのではないだろうか。もちろんJR東海としてはJR東日本に対抗して「自分の駅」を東京に持つという狙いもあっただろう。その先にはリニア中央新幹線の東京の駅は品川にしてしまうという隠し玉まで用意されていた。

東京駅と新横浜駅の間に新駅を造ってしまう。これこそこの章の本題、「中間地点の発想（Interpolation）」だ。この発想による「新駅構想」は、他にも動きがあり、その中でも一番の目玉は、山手線30番目となる新駅構想だろう。２０１４年６月にＪＲ東日本から正式発表されたが、品川車両基地13ヘクタールの土地を使い、田町駅と品川駅の間に新駅を造るという計画だ。

「中間地点の発想」とは、文字通り、同質のものの中に中間点を生み出す、ということだ。ＡとＢがあり、そのどちらでも行き詰まっている。だったら、ＡとＢの間に活路を開こう、という発想である。

もう１つ、ジェット旅客機の例を挙げよう。

ジェット旅客機は、プロペラ旅客機に替わるものとして１９５０年代から開発が始まった。創始期を代表するのが、ボーイング７０７だ（１９５７年初飛行）。従来のプロペラ機の2倍のスピード、2倍の搭載量を持つ画期的な旅客機で、主翼の左右に2発ずつ計４発のジェットエンジンを搭載した。ライバルのダグラスＤＣ－８（１９５８年初飛行）も、コンベア８８０（１９５９年初飛行）も、ボーイング７０７と同様に４発ジェット旅客機だった。

ジェット旅客機が登場するまでは、プロペラ旅客機だった。主翼の左右に1発ずつ、ないしは2発ずつプロペラエンジンを搭載していた。パワーを上げるには、エンジンを増やしていくしかなく、全幅97・51mの世界最大の航空機、ヒューズH－4ハーキュリーズ（1947年初飛行）は、主翼の左右に4発ずつ、計8発のプロペラエンジンを搭載していた。

このように、2、4、8と、主翼に搭載する旅客機のエンジンは、偶数が常識だったのである。左右のバランスを取ることを考えれば当然だ。後発のジェット旅客機も、この流れの中で設計されていた。

ところが、ボーイング727が1964年に運行を開始した時、世界中が驚いた。なんと、エンジンが3発だったのである。2でも4でもなく3。1発のエンジンをテールコーン（胴体尾部）につけていたのである。いま考えれば、テールコーンにつけるのもありだな、と疑問も持たずに納得できるが、当時はそうではなかった。2か4が常識だったのである。ボーイング727は、その「中間」を出してきた。これに航空業界は虚を衝《つ》かれたのである。

その後、ライバルたちも、DC－10（マクドネル・ダグラス社、1970年初飛行）、L－1011トライスター（ロッキード社、1970年初飛行）と、こぞって3発エンジン機を投入した。それだけが理由ではないが、世界初の3発エンジン機ボーイング727はベストセラー機になった。同機は1984年まで製造が続き、総生産機数は1832機。ボーイング737に抜かれるまで最も生産機数の多いジェット旅客機だった。

ガーラ湯沢駅を生んだ考え方

東京駅と新横浜駅の間。2と4の間。

品川駅とボーイング727の発想は、ともに「中間地点の発想」である。言い換えれば、大きな枠の中にあるスイートスポットを見つける、ということだ。スイートスポットは両端ではなく、その間にあることが実は多いのである。

勘違いしてほしくないが、会議の時に、何でもかんでも2つの案の間を取る人間がいるが、「折衷案を出す」ことは「中間地点の発想」でも何でもない。それはアイデアではなく、ただの思考放棄であり、妥協である。

「中間地点の発想」は、同質のものの中間に何があるか、と問うことだ。両極にばかり行っていた視線を、真ん中に戻してみるということである。すると、品川駅やボーイング727のように、世間があっと驚くアイデアや新しい価値が出てくる。

付言すると、「Extrapolation」という考え方がある。

これは「外挿法」や「補外法」という数学の考え方で、域外の点の位置を求める方法だ。簡単に言えば、「外側に何かないか？」と問うてみるのである。

「Extrapolation」の代表的な例は、JR東日本のガーラ湯沢駅（1990年開業）だ。JR東日本は「ガーラ湯沢スキー場」という自社グループが運営するスキー場に、上越新幹線の越後湯沢駅から支線を延ばし、新幹線を直結した。上越新幹線の外側にガーラ湯沢駅という〝点〟を打ったのである。これによって、それほどコストをかけずに「東京からスーツを着たままスキー場に行く」という新しい価値観、スタイルを生み出した。アイデアが行き詰まった膠着状態の時は、こうした視点を導入することで、その外側に出るのだ。

業界の慣習で決められた規格に意味はない

振り返れば、マッキンゼー・アンド・カンパニー時代にカメラやフィルムを製造するメーカーのコンサルティングを行なった時も、「中間地点の発想」で大ヒットが生まれた。メーカーの担当者は一様に「うちのカメラは世界一です」と口にする。ここまで読んできた読者はおわかりだと思うが、ユーザーが必ずしも「世界一のカメラを使いたいか」と言えばそうではない。技術者目線の「世界一のカメラ」とユーザーにとってのそれとでは、大きな開きがあることが多いのだ。

そこでまず、「戦略的自由度」の発想法を用いることにした。ユーザーの目的を明確にしようとしたのだ。

ユーザーの目的は明白だった。それはただ1つ、「いい写真を撮る」だ。しかし、担当者に「では、どうすればいい写真が撮れるのか」とぶつけても、その答えが返ってこなかった。当然と言えば当然だ。今まで「世界一のカメラを作る」という技術者目線でしか発想してこなかったので、ユーザーの立場に立って「どうすればいい写真が撮れるのか」ということを考えたことがなかったのだ。

そこで私はラボに赴いて、「いい写真」と「悪い写真」を調べることにした。その数1万800枚。簡単な作業ではないと思うかもしれないが、目的がはっきりしているので、人手さえかければ時間は思ったほどかからない。その作業の結果わかったのは「ブレ」が悪い写真の大きな要因になるということだった（ここで「目的関数」が見つかったことになる）。ブレを抑えるにはどうすればよいか。フラッシュを使って十分な光量を確保すれば（露出時間を短くできるので）解決する。そこで生まれたのが、フラッシュ内蔵型のカメラだった。今から考えれば当たり前だが、技術者たちはそれに気づいていなかったのだ。その詳しい内容は拙著『新装版 企業参謀』（プレジデント社）を参考にしていただきたい。

この作業の結果、もう1つわかったことがある。実はフィルムの使われ方に特徴があったのだ。

当時、フィルムは12枚撮り、20枚撮り、36枚撮りというようにセグメントされていた。12枚撮りを現像に出す人は、ほとんど使い切っていない。2～3枚必要な写真だけ撮って終わり、というケースが圧倒的だった。36枚撮りの場合、一般ユーザーは持て余すらしく、撮影の途中で季節が変わってしまうものも多数見受けられた。ユーザーが最も多かった20枚撮りの場合は、目一杯撮る人が多く、巻き切ってしまうケースばかりだった。

つまり、36枚撮りでは多すぎて、20枚撮りでは少なすぎるのである。私は質問をぶつけた。36枚撮りでは多すぎ、20枚撮りでは足りないことが明らかなのに、なぜその中間を出さないのか、と。すると返ってきた答えに驚かされた。彼らはこう言うのだ。

「今までずっとそうだったから……」

なぜ20枚撮りという規格なのか、誰も答えがわからない。社内で調査をしていくと、ようやく事情を知っている古株が見つかって、その人が言うには、「トップメーカーのコダックが、12枚撮り、20枚撮り、36枚撮りと出していたから」ということだった。そこには何の理由もなかったのである。単に業界の慣習だったのだ。

4枚増えて値段は同じ。どっちが得か……

12の倍数は、12、24、36……と続く。だったら、20枚と36枚の「中間」を狙って、わかりやすく24枚撮りのフィルムを出したらどうか。私は「中間地点の発想」を用いて「24枚撮りのフィルム」を提案した。

20枚撮りを24枚撮りにした場合、原価はどのくらい上がるのか。計算してもらうと、1円にもならない。ならば4枚増やして20枚撮りと同じ値段で売っても大きなマイナスにはならない。24枚撮りなのに20枚撮りと同じ値段、ということで売り出せば、ユーザーの支持を集めるのではないか、と考えた。このフィルムは「4枚増えて値段は同じ。どっちが得かよ～く考えてみよう」というキャッチコピーとともに発売され、ベストセラーとなった。

「20枚撮りを24枚撮りにする。単純な発想で、しかも特別な技術も必要としない。「中間地点の発想」だけだ。しかし、これまで誰も思いついていなかった提案がユーザーのニーズと合致して、ヒット商品となったのである。発想ひとつで、同じ商品なのに売れ行きが異なるという好例だ。

私たちは多かれ少なかれ、既存の考え方に毒されている。フィルムの12枚撮り、20枚撮り、36枚撮りというラインナップを当然と受けとめていたのもそうだ。旅客機のエンジンは2発か4発と考えていたのもそうだ。どちらも確固たる業界があって、新規参入が難しい。外から見ると、業界スタンダードが確立しているように思える。しかし、実はスタンダードが強すぎるあまり、「踏み荒らされていない場所」が存在しているのだ。そのスイートスポットを中間地点から探し出せば、それほど労力をかけずに大きなリターンを得ることができる。これが「中間地点の発想」である。

ここでのポイントは次の2つ。

①AとBという2つの方法がある場合、その中間地点でポジショニングすることで、差別化を図る。
②折衷案ではなく、大きな枠の中にスイートスポットを見つける。

定義が固まっている業界こそ、むしろ「チャンス」と考えて「中間地点」を探してみることを勧める。これはビジネスの現場での思考でも同様で、考えが固まって膠着してしまったら、「中間地点はどうだろう?」と問い直すことで、新しいアイデアを見出していくことができるはずだ。

9 RTOCS／他人の立場に立つ発想

──「もしあなたが○○だったら」が思考を変える

(Real Time Online Case Study)

阪神が阪急に統合されたワケ

人の思考には「思い込み」と「クセ」が染みついてしまっているものだ。「人間は脳の10％しか使っていない」と言われるが、全部の脳を使っていないのは、ニューロンの「クセ」ができてしまっているからにほかならない。人間の脳には、情報を処理するニューロンが1000億個以上もある。それを使わない手はない。

私は、普段使わない脳の違う部分を使うことを日々意識している。「思い込み」と「クセ」を意図的に排除し、思考するためである。

その手法として有用なのが、冒頭でさわりだけ紹介した「RTOCS（Real Time Online

Case Study）」という発想法である。私が学長を務めているオンライン大学「ビジネス・ブレークスルー（ＢＢＴ）大学大学院」では毎週行なっているもので、リアルタイムのケース・スタディ、つまり現実の「誰か」に成り代わって、その人の立場で発想するのだ。

「他人の立場」に立って考える訓練をするのには理由がある。実は「自分」という存在は非常に面倒で、「自分のことは自分が一番知っている」と過信しているケースが多く、実際の自分（や自分の会社）のことがわかっていないものなのだ。だから自分の問題に関しては、イノベーションが出てこないのである。

たとえば２００５年、村上世彰氏率いる村上ファンドが阪神電気鉄道の株を買い占め、同社筆頭株主になった時もそうだ。同年９月に株価が急上昇し始めたにもかかわらず、阪神の経営陣は「阪神タイガースの成績が良いから株が上がった」と考え、株価上昇の理由を調べることも対策を取ることもなかった。「自分」がわかっていなかったのである。しかし、９月末に村上ファンドが26・６７％もの株を取得して筆頭株主に躍り出たことがわかるとにわかに慌て始め、翌06年5月には46・８２％の株を押さえられてしまった。そのまま有効な対策を打てず、結局、阪神は阪急ホールディングスに統合されてしまった。自分たちのことが見えていなかったがために、会社がなくなってしまったのである。

〝他人〟に成り代わるRTOCSという発想法

具体的にRTOCSの訓練をしてみよう。

Q もし、あなたが世界最大級の宿泊予約サイト「エアビーアンドビー」の日本法人の代表だったら、東京オリンピックを控える中でどのように既存の法規制に対処して成長路線を描くか？

空いているものを有効利用する発想──「アイドルエコノミー」の一例として、すでに「エアビーアンドビー」について説明したが、日本のエアビーアンドビーには大きな課題がある。2017年に日本のエアビーアンドビーを利用した旅行者数は585万人に達した。しかし、2018年6月に施行された民泊新法によってタガをはめられてしまったのだ。

たとえば、民泊の年間提供日数の上限が「180日」に制限された。さらに、事業者は必要書類を都道府県知事などに届け出て「届出番号」を取得し、それを記載しなければならなくなった。このため、登録物件数が大幅に減ってしまったのである。

ＲＴＯＣＳの発想法を用いる場合、このように企業の現状と課題を現在進行形で正確に把握することが重要だ。自分でケース・スタディを行なう際は、業績の数字やその変化を調べ、そこから課題や突破口を見つけ出す作業が必要になる。

こうした現状を踏まえて「もし、あなたがエアビーアンドビーの日本法人代表だったら」どのような戦略で事業を進めていくか。

私ならば、旅館業法の許可を取得している民宿とペンションを取り込むことを、まず考える。民宿とペンションは、知名度が低くて集客に苦労しているところが多い。それをエクスペディアなど他のオンライン旅行サイトよりも安い手数料で取り込んでいけば、ユーザーの選択肢が大幅に増え、民泊新法の問題もクリアできる。

もう1つは、東京の郊外に多い二世帯住宅、三世帯住宅の空き部屋を取り込むことだ。その中には玄関が別になっていて各世帯用に台所、浴室、トイレや洗面所がついている物件も多いので、民泊にはうってつけである。

ただし、日本の場合は見ず知らずの外国人が宿泊することに対する抵抗が大きいし、外国語の問題もあるから、貸し手（所有者）に代わって予約対応や鍵の受け渡し、部屋の管理・清掃などを請け負うコンシェルジュ的な公認エージェント（代行業者）を地区別に置く戦略も考えられるだろう。

このように、自分のことだと頭が固くなってしまう人も、他人のことだと気が楽になり、発想が自由になるのではないか。ＲＴＯＣＳは、まさにそうした自由な発想のトレーニングのためにあるのだ。

スキー場の社長になってみる

ではもう１問、考えてみよう。

Ｑ　もし、あなたが日本スキー場開発の社長だったら、スキー・スノーボード人口が減少する中で、どんな手を打つか。

日本スキー場開発は、白馬八方尾根スキー場、白馬岩岳スノーフィールド、栂池高原スキー場など7か所を運営して成功し、2015年には新たに8か所目のスキー場、菅平高原のハーレスキーリゾートを買収したマザーズ上場企業だ。経営難に陥ったスキー場を買収して再生するというビジネスを手がけている。

しかし、日本生産性本部の調査によれば、日本のスキー・スノーボード人口は1993年の1860万人をピークに年々減少し、2016年はピーク時の3割の580万人に落ち込んだ。近年は訪日外国人客の増加で減少に歯止めがかかる傾向も見られるが、基本的には少子化・高齢化が進む日本でスキー・スノーボード人口が今後大きく増える可能性はない。

さてこうした条件下であなたならどんな手を打つか？

私ならこう考える。

中国、台湾、韓国、マレーシア、タイなど個別の国をターゲットにしたスキー場を造る。あるいは既存のスキー場をそのように改造して、外国人客を呼び込む。向こうの旅行会社やデベロッパーと協力し、言語、食事、看板や標識、インストラクターなどすべての設備とサービスを町ごと、スキー場ごと、「その国向け」にしてしまうのだ。中国の場合ならば、北京、香港、上海、広州、大連など日本向けの航空路線を持つ大都市別でもよいだろう。

そうする理由は、各スキー場がそれらすべての国の言語や食事に対応するのは不可能だからである。訪日外国人客を当てにして、すべての国に対応しようとすれば、むしろターゲットが散漫になってしまい、どの国の人も満足させることができないということが起こり得る。

肝心なのは次の1点だ。日本のスキー場は初心者向けのものが多いから、アジアの新興国の初心者に〝自国の雰囲気〟で楽しんでもらう町を造ってあげること。そこに、温泉や料理など、日本らしさをスパイスとしてプラスする。

2018年には韓国・平昌で冬季オリンピックが開催され、2022年には北京でも予定されているので、これから韓国や中国でウインタースポーツがブームになるのは間違いない。その人たちを呼び込むことができれば、日本のスキー場は一気に蘇るはずだ。

ＲＴＯＣＳで発想力を鍛える場合、１人で考えるだけではなく、できれば４～５人でブレーンストーミングをするのが望ましい。「あなたがこの立場だったらどうするか、自分だったらこうする」と意見を発表し合う。ＲＴＯＣＳ――他人の立場に立つ発想でトレーニングするのは、頭を柔軟にすることが目的なので、人数が増えれば、それだけ思考回路も増える。自由度の高い発想へとつながっていくのだ。

問いを立てる時は、政治家や注目の人物など、経営者以外の人物を挙げてもよい。

いくつか例題を出そう。

●もし、あなたが「富士フイルムの社長」だったら、「化粧品」の次に展開する新ビジネスとして、どのような進化を考えるか。

●もし、あなたが「京都市の市長」だったら、世界で最も魅力的な観光都市の地位をどのように揺るぎないものにするか？

●もし、あなたが「旭化成の社長」だったら、マンション「杭打ちデータ改竄《かいざん》問題」を受けてどのようにブランドイメージを回復し、事業を正常化させるか？

●もし、あなたが事務用品を中心とする通信販売会社の「アスクルの社長」だったら、どのような次の一手を打つか。

●もし、あなたが「野党第一党の代表」だったら、どのように与党政権を倒し、政権奪取への道筋をつけるか。

●もし、あなたが「日本トイザらス株式会社の社長」をやらないかと誘われたら、何を調べて受けるか受けないかを決めるか。また、受ける場合の条件は何か。

新聞やニュースで話題になった会社や人物を、そのままニュースとして聞き流してしまうのではなく、自分で現状と課題を調べて正確に把握した上で、解決策を探る。1例について調査開始から解決策を出すまでの期間は「1週間」が目安となる。1週間だけ頭を「他人の立場」に明け渡すのだ。それによって今まで使われていなかった頭の部分が活発に動き、それを繰り返すことによって柔軟な発想ができるようになる。

2つ上の立場で考える

このRTOCSの応用として「発想するレベルを上げる」という方法がある。具体的には、あなたが係長だったら2つ職位を上げて「部長」として、部長だったら同様に「社長」として考えるのだ。

実はビジネスマンの多くは、自分の職位に発想を縛られ、そこで袋小路に陥っていることが多い。

たとえば、Aという商品を扱う部の部長だとしよう。

競争相手も販売チャネル（流通経路）も固まっていて動かしようがない。しかし、Aという商品の販売実績はジリジリと低下している。画期的なアイデアの新商品を投入するぐらいしか手立てがないが、そのタマもない。そういう場合、あなたならどうするか。

多くの担当部長は「ホッケースティック型」の事業計画を立てる。つまり、ドラスティックなアクションが必要だとわかっているが、その方法が見つからないので、「明日は今日よりは良くなるだろう」という期待の入り混じった事業計画にしてしまうのだ。実績がジリ貧になっているにもかかわらず、ホッケースティックのごとく、明日からV字回復できるかのような目標曲線を描いてしまう。部長に目標の根拠を尋ねても、論理的な説明が返ってくることはまずない。願望にすぎないからだ。

ホッケースティック型の目標を立てること自体は悪いことでないように思われるかもしれないが、実はこうした強気の計画ゆえに、その数字が独り歩きして、生産、在庫、人員などのすべてが強気になっていく。もし業績が本当に回復しなかった場合には、収拾のつかない状態になってしまうのだ。

たいていのケースでは、期が終わってみると全部ダメで、コストは変わらず、市場価格は低下し、そしてボリュームは減ったという状況になりがちだ。社長からしてみれば、事業計画ではいけるとされていたのに蓋を開ければ散々な結果、部長を辞めさせろ、ということになる。

ここでの問題点は、この部長が「部長」という職位でしかものを考えていないことだ。自分の担当する部しか見えていないのである。

だが、2つ職位を上げて「社長」として考えたらどうだろうか。

もし役員として考えるなら、お荷物部署を売り払って自分の得点にする、という発想も出てくるだろう。しかし、自分は経営者だ。経営者の立場で考えたら、安易に売却すれば、それをライバル会社が買収し、ますます苦しくなることも考えられる。ただ、たとえコストを3％下げたとしても、ライバル会社には勝てない。数年間様子を見て、営業が死ぬほどがんばっても、損益分岐点に届くことは難しいだろう。となると、部署の継続はない。売却もない。だったら清算だ――と厳しい判断が導き出される。

つまり、この部長は「社長」として案件を検討し、結論を社長にぶつけるほかないのだ。

「もはや清算しかありません。これは経営判断の問題で、私が判断するレベルではないと思いますが、社長はどうお考えですか」

ホッケースティック型の事業計画を出せば、結果が出なかった時に社長から責められるだけだが、このように社長の立場になって出した判断をぶつければ、社長も自分の問題として考えざるを得ない。すると逆に社長から「営業部隊は優秀だから、別のB商品の営業を任せよう」という提案が出てくるかもしれない。

「苦しいけれどガンバレ」と訓示するダメ社長

ビジネスマンならば、日頃から自分の扱っている仕事を、2つ職位を上げて考える癖をつけるべきなのだ。なぜなら、発想するレベルによって「解」が異なるからである。自分のレベルで考えているだけでは、いくら思考しても「解」は変わらない。

「職位を2つ上げよ」というのは、1つだけ上げると、自分の直属の上司になってしまうので、どうしても発想が鈍るからだ。

こうして考えたアイデアは、時折、2つ上の上司に実際にぶつけてみるというのも手だ。そういう発想に対し、上司がどれほどの受容力があるのかを測る手立てになる。

常に職位を2つ上げて考えるスタンスは、ビジネスマンの思考を深めてくれる。こうしたトレーニングは、リーダーになった時に大いに役に立つのだ。

実は、日本の経営者の問題は、担当者レベルの思考で昇進して社長に上り詰めるケースが多いところにある。担当した部署がたまたま時代の流れで当たり、稼ぎ頭になったから社長に推されるというケースだ。こうした社長の多くは「発想するレベルを上げる」トレーニングをしてこなかったので、いつまでも成功体験に取り憑《つ》かれている。社長になっても、部長の発想しかできないのだ。

だから、こうした社長の指示は「昼休みは会社の電気を消せ」とか「コピーは裏紙を使え」とか、そういう細かいコストダウンになりがちだ。これからの時代はこの方向で行こう、という大局的な指示が出せない。

私の知る社長の1人は、訓示となると必ずボートの話を持ち出す。

「大事なのは、ボートの原理だ。ボートはエイトといって8人が力を合わせて進む。皆苦しくても、最後のひとかきをすることで前に進む。皆苦しいだろうが、苦しいからこそ、力を合わせて最後のひとかきをしよう」

こういう内容の話である。だが、「苦しいけれどガンバレ」というのは、目標でも思想でもない。方向を見失っていれば、どんなに努力しても間違った方向に早く進み、ガケに激突するのがオチである。今は、方向を定めるコックスのほうが重要な業界もたくさんあるのだ。

もし、あなたの会社のトップが「ガンバレ！」族ならば、選択肢は2つに1つだ。すぐさま辞表を書くか、それともじっと我慢して自分がトップに立つか。我慢してトップに立ったら「苦しいけれどガンバレ」と言う社長になってはならない。

「伝説の経営者」と呼ばれたＧＥ（ゼネラル・エレクトリック）のジャック・ウェルチに後継指名され、２００１年にＧＥグループのＣＥＯに就任したのがジェフリー・イメルトだ。

ウェルチは在任期間の約20年間で、売り上げを5倍にした。この後を受け継ぐのは大変なことである。だが、イメルトは就任後5年間で60％も利益を増やした。そのイメルトも２０１７年に退任したが、イメルトはグローバル化に対応できる人材を育成し、東欧、ロシア、インドなど、国を問わず優秀な人材を雇用した。これは叩き上げの社長にできる発想ではない。おそらく若い頃から上の職位レベルで発想してきたのだろう。

日産復活の陰の立役者

日本で、ジェフリー・イメルトにあたる人物を挙げるとすれば、日産自動車の元会長、故・塙義一《はなわよしかず》氏だ。

塙氏は課長時代から将来は社長になるだろうと嘱望されていた人物で、実際、若い頃から上のレベルで発想をしてきた。塙氏が代表取締役社長に就任したのは1996年。その頃、日産は危機的状況に陥っていた。抱えていた有利子負債は2兆円。しかもこの当時、日本の会計ルールが変更となり、販売代理店が連結対象になった。代理店に押し込んでいた売れない車――不良在庫がすべて自社の在庫となってしまい、財務状態が一気に悪化した。提携先として名が挙がったのはダイムラーだったが、日産は見限られてしまう。

窮地で塙氏は考えた。日産はドラスティックな大改革をしなければ、もはや死んでしまうだろう。だが、しがらみは多く、自分がやりたい改革を行なおうとすれば、抵抗勢力に改革を骨抜きにされてしまう。そこで今度はルノーに駆け込んで、ミシュランを立て直したカルロス・ゴーン氏を招聘した。摩擦覚悟で異文化をあえて導入し、大改革に打って出たのである。

日産の代理店や子会社、関連会社、部品会社などには、日産の元役員たちが大量に天下りしていて、既得権益をがっちりと握っていた。塙氏もそこに問題があることはわかっていたが、手を出せない。そこで、自分は代表取締役会長兼社長兼CEOとなり、ゴーン氏を最高執行責任者（COO）にして前面に押し立てた。周知の通り、ゴーン氏は大胆なコストカットや「日産リバイバルプラン」計画など日本企業の慣習にとらわれない大胆な手を次々と打ち、約2兆円あった有利子負債を、就任から4年後の2003年には全額返済するまでになった。

メディアはゴーン氏の手柄だと書き立てたが、私はそれだけだとは考えない。塙氏の存在が大きいのだ。

武蔵坊弁慶は、衣川の戦いで多数の敵勢と相対したが、主の源義経を守るために堂の入口に立って薙刀を振るい、雨のように降ってくる敵の矢を受け、立ったまま死んだとされている。「弁慶の立往生」と後世に語り継がれたエピソードだ。塙氏もまた、弁慶のように抵抗勢力の矢を全身に受けながらゴーン氏を守り、彼が働きやすい環境を整えた。課長時代から上のレベルで発想してきた塙氏は、いざ会社のトップに立った時、やるべきこと——ゴーン氏が断行すべき改革が見えていたのである。だからこそルノーを巻き込むという「さらなる上の発想」ができたわけだし、弁慶の役も厭《いと》わず引き受けた。日産回復の裏には「発想するレベルを上げる」という塙氏の課長時代からのスタンスがあったのである。

「他人の立場に立つ発想」も「職位を上げる発想」も、現在の自分ではないポジションから思考するということだ。次の3点に留意して自分の発想を広げてほしい。

①他人の立場になって徹底的に考えることで、思考回路が劇的に変わる。
②RTOCSは4〜5人でアイデアを出し合ってブレーンストーミングをしたほうが発想が広がる。
③行き詰まった場合には、上のレベルで考える。

今の時代、データを集めることはたやすい。だが、データは集めただけでは宝の持ち腐れだ。そこから結論を導き出さねばならない。

ＲＴＯＣＳでやってはいけないのは、データを集めずに「もし、自分が○○だったら……」と思考することである。現状と課題を正確に把握した上で検討しなければ、それは単なる感想か夢想だ。「オレは○○のやり方が嫌いだ」という低次元の話に終始してしまう。データやファクツ（事実）を見て分析し、その人の立場から解決策を発想することが重要なのである。

10 すべてが意味することは何？(What does this all mean?)
――発想の飛躍が息の長いビジネスを生む

「森全体」を見る視点にジャンプする

「What does this all mean?」

海外企業のトップたちと話をすると、最後にこう質問されることが多い。「要するに何なのか？」「それらすべてが意味することは何なのか？」ということである。

物事を考える時、A、Bというファクツ（事実）が目の前にあると、私たちはどうしてもA、Bという個別の案件に目が行きがちだ。すると「全体」が見えなくなってしまう。

物事の結論の出し方は、大まかに「演繹法」と「帰納法」の2つの方法がある。演繹法は、まず大前提があり、そこから推論を重ねていく方法だ。果物は甘い。イチゴは果物だ。よってイチゴは甘い。という結論の出し方が演繹法である。一方、帰納法は、まず個別のデータを調べ、そこから結論を導き出していく。イチゴは甘い。スイカは甘い。バナナは甘い。ブドウは甘い。よって果物は甘い——というロジックである。

新しいアイデアを出そうとする場合、最初に大前提を立てる演繹法では難しい。たとえば企業の改善を行なう場合、まずはその企業の現状と課題を正確に把握することが重要だ。そうしたファクツを集め、そこから最終的な結論を導き出していく。いわば、帰納法的な推論を行なうことになる。

だが、これには大きな陥穽《かんせい》があって、A＋B＋C＋D＋……と足していった挙げ句、「こんな課題がまとまりました」という、ただ事実を列挙しただけのレポートになってしまうことが多い。イノベーションの最大の狙いは、新しいアイデアを出すことだ。判明したファクツを並べ立てても、そこからは何も見出せない。

そういう時に重要なのが「What does this all mean?（それらすべてが意味することは何なのか？）」と問い直すことだ。

これは思考の〝ジャンプ〟である。A＋B＋C＋D＋……と事実やデータを集めたところで、ぽんと飛躍する。それまで、AやBという「木」を見ていた視点を上に飛ばして「森全体」を見るのだ。

情報が氾濫する現代社会においては、データは簡単に集めることができる。データを集めるのが得意な人間も増えた。だが逆に、そうしたデータに埋もれてしまい、まとめて整理し直すのが精一杯になっていることが多い。それは「発想」ではない。

A、B、C、D……という各論がそれぞれ出てきた時に「What does this all mean?」という質問をぶつけ、各論を高い次元でとらえることで「それはXである」という結論を見つけ出す。これがイノベーションの「発想」である。

少子化時代のビジネスチャンスは何か

具体的な問いを立てて考えてみよう。

Q　少子化によって市場は縮小しているが、ビジネスにおける有望な点はないか。

日本では、長らく少子化が問題になっている。私も、本気で日本経済を立て直そうとするならば、安心して子供を産み育てられるような社会を作ることで抜本的な少子化対策を講じるべきだと繰り返し提言してきたが、未だ政府は有効な手立てを打てないでいる。

安倍内閣は2015年3月に「少子化社会対策大綱」を閣議決定し、2020年までの5年間を少子化対策の集中期間としているが、結局、行なったことと言えば、アベノミクス「新3本の矢」の第2の矢として「希望出生率（結婚して子供を産みたい人の希望が叶えられた場合の出生率）1・8の実現」を掲げたにすぎない。これは政策ではなく、単なるスローガン（まさに「希望」）である。

日本人の合計特殊出生率は1・43（2017年「人口動態統計」）であり、この数字はOECD（経済協力開発機構）34か国の中で下位にあり、急速に少子高齢化が進んでいる。現在の社会状況に変化がなければ、今後30〜40年後には労働人口が大幅に減少して経済が縮小し、国債デフォルト、ハイパーインフレのリスクが高まることは極めて正確に予見できる。

もし政府が本気で少子化対策に取り組むならば、フランスやスウェーデンのように婚外子の法的差別を撤廃することが必要だろう。これらの国ではすでに事実婚を社会的に認めている。

一方、事実婚を社会的に認めていない日本の場合、「できちゃった婚」の割合が15〜19歳で81・5%、20〜24歳で63・6%にのぼる。全体では結婚しているカップルの25・3%が「できちゃった婚」だ（厚生労働省／2010年度「出生に関する統計」）。未婚で妊娠すると「できちゃった婚」か「中絶」かを迫られ、「できちゃった婚」ができないと「中絶」を選択するケースも多い。シングルマザーは、今の日本の社会制度では生活の困窮が避けられないからだ。

フランスでは出生率を回復させるため、家族関係に対GDP比で約3%の予算を使っている（対する日本は約1%）。フランスの場合は、子供の数が増えれば増えるほど育児給付の金額が大きく増加すると同時に所得税が減税されるため、子供の数が増えるにしたがって家計にはプラスに作用する。このような取り組みをしなければ、出生率は回復しないのだ。

少子化によって日本の市場は縮小しており、将来は明るくない。そんな中、ビジネスチャンスを見出せるのか。

まずは「事象」を並べてみよう。

【事象】

●年少人口（0～14歳）の減少（1578万人／2016年10月「人口推計」）。
●生産年齢人口（15～64歳）の大幅減（32年ぶりに8000万人割れ／同）。
●子供向けビジネス市場は縮小。

このデータだけだと、ビジネスにはつながらない。そこで、「少子化で伸びている市場」を比較の事象として持ってくる。すぐに思いつくのはペットだ。公園でも、子供連れのカップルよりペット連れのカップルのほうが印象として多い。そこで、ペットに関する事象を並べて検討する。

【事象】

●ペットの飼育数は、犬892万匹、猫952万6000匹（ペットフード協会「2017年全国犬猫飼育実態調査」）

●ペットの大半は室内育成（室内のみの飼育、散歩・外出時以外の室内飼育の割合は、8割超に達している／同前）。

●ペット用品市場が成長（2016年度のペット関連総市場規模は前年度比101・6％の1兆4983億円／矢野経済研究所「ペットビジネスに関する調査結果2017」）。

事象が出そろったところで、これはどういうことなのかを考える。

年少人口（0〜14歳）1578万人に対し、犬と猫の飼育数は合計で1844万6000匹だ。年少人口より犬猫のほうが多いのである。こうしたファクツから〝要するに〟どういうことなのかを導き出す。

【要するに何なのか？】

●子供向けビジネスの見通しは暗い。

●ペット向けビジネスの見通しは明るい。

　ここまでなら誰にでもわかるだろう。その上で「What does this all mean?」と問い、それらすべてが意味するものを考える。発想を飛躍させるのだ。

【意味するもの】

●核家族は「両親と子供2人の4人家族」という単位から「両親・子供1人・ペット」という単位になった。

●ペットを「家族の一員」とみなした商品・サービスが事業機会となる。

【結論】

●子供向けビジネスから「ペットを子供と考えるビジネス」へとシフトする。

ペット関連の総市場規模は、すでに2014年時点で1兆円を突破しているが、今後はさらに拡大していくだろう。単なるペットビジネスではなく「ペットを子供（家族）のように考えるビジネス」として成長することが考えられる。したがって、次のようなビジネスの拡大が見込まれる。

●ペット同伴可能の飲食店、ホテル、旅館
●ペット向けサプリメント
●ペットと一緒に寝られる布団
●ペットと一緒に入れるお墓、ペットの葬儀や法事
●ペットの医療用CTスキャン
●ペットの緊急医療サービス
●ペット専用スポーツクラブ、専属トレーナー
●留守宅のペットを預かるサービス、ペットシッター

●ウェブカメラなどを用いたペット見守りサービス

もう1つの事実を紹介すると、アメリカペット用品工業会（APPA）の推計によれば、アメリカ国内の2017年のペット市場規模は約695億ドルにのぼる見込みとなっている。アメリカでは全世帯数の68％にあたる8460万世帯でペットが飼育されており、巨大な市場を形成している。日本の市場やサービスがアメリカの後追いをしてきたことを考えれば、日本におけるペットビジネスはますます隆盛になっていくだろう。

実はここに私が挙げた「子供からペット産業へ」というアイデアの基礎は、今から10年以上前の2006年に発表したものである。すでに当たり前になったビジネスもあるが、飛躍した発想をしているので、まだ古びてはいない。時代がむしろ、このアイデアに追いついてきたと言える。

「What does this all mean?」の問いかけの長所はまさにそこで、発想を飛躍させることによって息の長いアイデアとなる可能性を秘めているのだ。

「儲かる農業」を作るための「発想の飛躍」

続いて、TPP11（環太平洋経済連携協定）で揺れている日本の農業を例に考えてみたい。

Q　TPP11発効以降、日本の農業は〝成長産業〟になり得るのか？

まず事実を整理しよう。

2018年12月30日のTPP11発効により、日本の関税は農産物と工業生産品を合わせた全9018品目の95％にあたる8575品目で撤廃される。うち農産物は日本が重要5項目と位置づける、コメ、麦、牛・豚肉、乳製品、砂糖を含め、全2328品目の81％にあたる1885品目の関税が撤廃されることになった。そのうちコメは、現行の1kg341円の高関税を維持する代償として、オーストラリアからの無関税輸入枠を新設し、年間6000t（13年目以降は8400t）を無関税で輸入する。牛肉は現行の関税38・5％

を27・5％に引き下げ16年目以降は9％に、豚肉は高価格品の関税4・3％を10年目に撤廃し、ソーセージなどに使う低価格品も1kg482円の関税を10年目に50円にする。

こうした内容に、日本の農家からは不安の声が高まった。たしかに安い輸入食品が増えれば、国内農業にとっては打撃となる。農村部の選挙区を地盤とする議員を中心に与党内部にも反対が渦巻いている。

だが、ここで「日本の農家が大変だ！」という感情に流されては、全体が見えなくなる。

実は、日本の農業の危機は今回だけではない。1990年代、かつてのGATT（関税貿易の一般協定）ウルグアイ・ラウンドで日本はコメの市場開放を迫られた。そして日本は778％というコメの関税を維持する代わりに毎年一定量の外国産米を無税で輸入するミニマムアクセスを義務づけられた。さらに関税も毎年100％ずつ下げて最終的にゼロにすることになった。しかし、実際にはコメの関税はまったく下がっておらず、購入した外国産米をどう有効利用するかも決まっていない。

この時、危機に陥った農家に当時の自民党政権が何をしたかと言えば、お金をバラまくことだけだった。ウルグアイ・ラウンド対策として20年間で42兆円もかけて農業基盤整備事業を行なったのだ。ではそれで、農業の生産性や国際競争力は高まったのか？　そんなことはない。むしろ、国際競争力は年々低下している。

すでにコメという農産物は完全にコモディティ化し、「トン単位」で取引されている。1kgあたりの産地価格は40円程度である。一方、日本ではその5倍くらいの価格で生産されている。つまり、日本のコメは高額な関税でなんとか守られてきたにすぎない。日本の農業は危機に瀕しているのではなく、とっくに崩壊しているのだ。

にもかかわらず、日本がコメ偏重を続けているのは、「食料自給率」の問題が絡んでくる。コメは「自給率100％」であり、それがあるから全体で「約4割」の自給率をなんとか保っている。コメを作ることがすわなち日本の食料自給政策なのだ。

しかし、食料自給率を中心に考えてしまうと、グローバル社会での競争力はつかない。グローバル経済とは、最適地で生産して最適地で売る、ということだからだ。

そう考えれば、コメは最適地で生産し、輸入すればよい。農林水産省はいざという時のための「食料安全保障」を主張している。では「いざという時」がどういう時なのか、農林水産省の官僚や自民党の政治家に聞いたことがある。すると「日本が世界中を敵に回した時」という答えが返ってきた。この発想の矛盾はたくさんあるが、一番の問題は「いざという時」に最も困るのはコメではなく石油だということである。いくら農業を守ったところで、石油がなくなれば、耕耘機もトラクターも動かせない。ということは「自給率」だけ問題にしても、そもそも意味がないのである。

ここでA、B、C……という事象から、「What does this all mean?」でXへと発想を飛躍させよう。

日本の農業がすでに崩壊し、食料自給率を守ることも意味がないとすれば、攻めの農業に転じるほかない。コメから高付加価値産品への転換だ。たとえば、海外で人気がある和牛、イチゴ、リンゴ、モモ、サクランボ、柑橘類などである。コメを残すとしたら、一部の高付加価値産品——ブランド米だけだろう。

その際に重要なのは、これを日本全国一律でやらないことだ。JAの問題もそこにある。横並びで一律にやろうとするから発展しないのである。特定のエリアに集中し、そこに資本も技術も投下する。農民から「農場経営者」へと脱皮できる仕組みを整えることこそ、政府がやるべきことだ。

だが、もし発想を飛躍させることなく個別の事象だけを見てこれまでの延長線上で考えれば、対策は「農業への補助金」や安価な輸入品の流入が見込まれる分野での「所得補塡制度」ということになる。だが、かつての自民党のお家芸だった「貿易自由化＝予算のバラまき」では、日本の農業が決して再生できないのは明らかだ。今こそ日本の農業は「What does this all mean?」と自らに問う必要があるのではないだろうか。

〝田園調布よりも木場〟という発想

もう１つ例を挙げよう。

「都心回帰」問題だ。日本では、１９７０年代以降、都市部の人口は周辺にどんどん流出していた。その流れは90年代前半まで続き、90〜94年の人口は、85〜89年に比べて２・４％減だった。ところが、90年代後半から都心回帰が始まり、90年代後半には都市部の人口は２・１％増、２０００年代前半には４・４％増、２０００年代後半には５・４％増となっている。

私は埼玉県狭山市の丘陵を切り開いて造った新興住宅地を見に行ったことがあるが、すでに人口減が始まっている。

ここで「要するに何なのか？」と考えると、都心へ片道1時間半もかかる通勤時間が問題だということが見えてくる。仕事で求められていることも責任も増え、片道1時間半も通勤に取られていると、仕事の効率が悪いし体を休めることもできない。現在では、通勤時間40分圏内が1つの目安になっている。

もし鉄道会社に勤務するビジネスマンであれば、「40分で通勤できる特急が停まる駅」を造るというアイデアが生まれてくる。そういう地点に、デベロッパーと組んで新しい造成地を展開していく。東京からの距離は近いけれど各駅停車しか停まらない駅よりは、ちょっと遠くても特急が停まって40分で通勤できる駅のほうが、人気が出ることは間違いない。

地図を広げて「都心まで電車で20分の通勤圏内」「40分の通勤圏内」という駅をマーキングして、かつ地価を1駅ずつプロットしてみよう。そうやって東京を見渡すと、現在は田園調布（大田区）など西のほうが高い。ところが、高級住宅地の田園調布を「通勤」という視点で見てみると、大手町まで電車で30分以上かかる。「40分の通勤圏内」であるとはいえ、思ったほど近くない。ということは、現在の価格は実際のバリューに対して高すぎないか、という考え方もできる。

逆に、木場（江東区）は大手町まで東西線1本で10分を切る。ところが、公示地価（2018年10月時点）を比べてみると、田園調布（3丁目付近）が1㎡あたり70万～100万円であるのに対し、木場（3丁目付近）は50万円前後にすぎない。そのように考えていくと、田園調布は高級住宅地のイメージによって地価が高いのであって、今後のことを考えれば木場のほうが狙い目だ、ということになる。さまざまなデータを集め、そこから発想を飛躍させて「よし、これからは木場だ！」という結論を見つけ出すのが、「What does this all mean?」の考え方なのである。

「What does this all mean?」と質問をぶつけることによって、発想を飛躍させていく思考法のポイントは次の3つ。

①A、B、C……と各論が出てきた時に、「What does this all mean?（それらすべてが意味することは何なのか?）」という質問をぶつける。
②この質問によって、A、B、C……各々の事象のそれらすべてを意味している「X」を見つけ出す。
③A、B、C……という事実を足し合わせて結論を得るのではなく、「X」へと発想を飛躍させ、そこから答えを考え出す。

何人かで話し合っていてアイデアが行き詰まってしまった時は、ぜひ使ってみてほしい手法である。

11 構想 (Kousou)
——あなたには何が見えるか？

さびれた港湾を見てどんな絵を描けるか

11番目の発想法「構想（Kousou）」は、いわゆる「コンセプト」よりも1つ大きな概念で、要するに「あなたには何が見えているか？」ということだ。

図式化すると、「構想＞コンセプト／ビジョン＞戦略＞事業計画」となる。

もう少し詳しく説明すると、「構想」とはイマジネーションやインスピレーションに基づく「見えないものを見る力」である、と定義することができる。リアル経済、グローバル経済、サイバー経済、マルチプル経済という4つの経済空間をつないだ事業のイメージを、自分の頭の中で描くことだ。

ただ、注意したいのは、「構想」は「自分の頭の中に描いた絵」にすぎないということだ。したがって、口で説明するだけでは理解してもらうことが難しい。イラストやCGにして見せていくのが、1つのテクニックだ。そもそも「見えていないもの」について語るわけだから、視覚化が大切なのである。〝見える化〟することで「見えないもの」が徐々にイメージとして人の心に伝播していく。構想が人に伝えられてコンセプトやビジョンになり、事業へと発展していくのである。

一方、コンセプトやビジョンは、構想を考えることと同義ではない。あくまで「構想を伝える」ということだ。いわばビジョンとは、社員やステークホルダー（利害関係者）を動かす共通のフレームワークである。トップが描いた構想を他の人間にも見えるように説明するツール、という言い方もできるだろう。

そして「戦略」や「事業計画」は、コンセプトやビジョンを、具体的な計画に落とし込んだものと言える。たとえば、コンセプトに沿って新しい事業部を立ち上げる、といったことになる。

つまり、大きくビジネスを変えるためには、何よりもまず「構想」を思い描く力が必要なのである。

一例を挙げよう。

あなたは、こんな風景を眼前にした時、どんな絵が描けるだろうか。

場所はロンドンの金融の中心地シティの東部。蛇行したテムズ川の北岸に沿って、舌の形に突き出た場所だ。その名を「ドックランズ（Docklands）」という。その名の通り、かつて大西洋にあるカナリー諸島との交易が盛んだった頃に船のドックが立ち並んでいた地区である。19世紀以降にドックや倉庫が立ち並び始め、ロンドンを世界一の港湾都市へと押し上げた。多くの人間が仕事を求めて集まってくる港湾労働者の街だった。

だが、第二次大戦時のドイツ軍によるロンドン空襲でドックランズは集中攻撃に遭い、壊滅的な被害を受ける。それでも水運が経済に欠かせなかったということもあり、1950年代には街が再建され、ドックランズには再び活気が訪れた。ところが1960年代に入ると、今度はこの街を物流革命が襲った。陸上運送の発達、コンテナによる海上運送などにより、古くからの港湾だったドックランズは急速にさびれていくのだ。街はスラム化し、ロンドンの都心の真横という絶好のロケーションにありながら、21㎢の廃墟となってしまったのである。その状態は、1980年代後半まで続く。

廃墟と化したさびれた港湾を見て、あなたは何を思うか。

栄枯盛衰の時の流れを思い、情緒に浸っていても意味がない。ここに、人の思いつかないような絵をどう描くか。それが「構想」なのだ。

ウォルト・ディズニー×ワニのいる湿地

この廃墟に目をつけたのが、カナダのライヒマン兄弟だった。彼らはオリンピア・アンド・ヨーク（現オリンピア・アンド・ヨークプロパティ）という世界一の不動産会社を率いていた。ライヒマン兄弟は、「ここは第二のシティになる」と未来の絵を描いた。その場所に「職住近接型の未来型24時間都市」を造り上げようと考えたのだ。もちろん時の首相マーガレット・サッチャーも大いに乗り気で、「公共交通のほうは任せて！」ということで、計画は実行に移された。

途中、金融危機に見舞われ、日本の銀行の融資引き上げなどによってオリンピア・アンド・ヨークは倒産の憂き目に遭うが、それでも復活し、本当にこの構想を実現してしまった。それが現在の「カナリー・ワーフ」である。今では定住人口が20万人を超えている。イギリスの三大高層ビルと言われるワン・カナダ・スクウェア、ＨＳＢＣタワー、シティグループ・センターの３つのビルが立ち並んでいることでも有名で、この中で最も高い235ｍのワン・カナダ・スクウェアを建てたのが、ライヒマン兄弟である。２０１２年にザ・シャード（ＥＵで最も高い３１０ｍ）に抜かれるまで、イギリスで一番高い超高層ビルだった。

現在、カナリー・ワーフはヨーロッパ最大の超高層ビル街となり、名実ともにイギリスの「金融副都心」である。それどころか、シティの金融街としての地位を脅かすまでに成長している。フォーシーズンズ、ヒルトン、マリオットなどの国際的な高級ホテルも進出し、便利なシティ空港も隣接している。職住接近の副都心建設、入居ブームはまだまだ続いている。

カナリー・ワーフの繁栄は、ひとえにライヒマン兄弟による「ここは第二のシティになる」という構想があったからこそ成立したのである。

　このように「構想」の力は、まったく何もなかった場所を別の空間へと変貌させてしまう。

　たとえば、ミッキーマウスの生みの親ウォルト・ディズニー。大人も子供も楽しめる新しいテーマパークとして構想された「ディズニーランド」がカリフォルニア州アナハイムに誕生したのは1955年のことだが、彼はそれに満足していなかった。

　そんな時にディズニーは、フロリダ州オーランドの湿地帯を見た。フロリダ州では大規模な土地の売り出しが始まっていたが、ワニが生息し、しかも沼地や湿地帯が広がっていたその一帯は、誰も手を出そうとしなかった。ドックランズの廃墟と同じだ。人々の目には、湿地帯は湿地帯としか映らなかったのである。

　しかし、ディズニーだけは違った。広大な手つかずの湿地帯を見て、そこに「子供から大人まで楽しめる通年型のテーマパークリゾート」という絵を描いた。当初は人口の多い東部や中西部に第二のディズニーを造ろうと考えていたらしいが、冬の厳しい寒さから通年型とならない。そこで彼は南に着目し、ヘリコプターで広大な空き地を探した。地主の少なかったオーランドを匿名で購入し、そこに「実験未来都市（ＥＰＣＯＴ）」を造ろうと案を探った。しかし、投資家たちにはその湿地にいたワニの顔しか見えず、ディズニーは自分の描いた絵を見ながら肺がんで1966年12月15日に他界した。「ウォルト・ディズニー・ワールド・リゾート」（当時の名は「ディズニー・ワールド」）は、その死から5年後の1971年に完成する。

現在の「ウォルト・ディズニー・ワールド・リゾート」は、4つのディズニーパーク、2つのディズニーウォーターパーク（湿地帯なら水を活用すればいい、と構想された）、6つのゴルフコース、レースサーキット、20のリゾートホテルなどを擁する、まさにディズニーの「構想」そのままの世界最大級の通年型テーマパークリゾートとなった。

お台場の空き地に何を見たか

もう1つ例を挙げよう。

これは私が手がけた案件の1つだ。

現在、お台場はすっかり一大観光スポットになっているが、1990年代はまだ、ペンペン草の生えた空き地だらけだった。もともと東京都が「臨海副都心」として開発を始めたのだが、バブル崩壊などの影響で進出内定企業の契約辞退が起こっていた。また、当初は1996年に「世界都市博覧会」を開催する予定だったが、世間の批判を受け、新しく都知事に就任した青島幸男氏が中止を決定して先行きが見えなくなっていた。

それでも95年にゆりかもめが開通し、96年には東京臨海高速鉄道臨海副都心線（りんかい線）が新木場―東京テレポート間で開業した。97年にはフジテレビが新宿区河田町から移転してだんだん街は整ってきていたが、それでもまだ90年代後半は空き地だらけだったのである。

その頃、私と宮本雅史氏――かつてスクウェア（現スクウェア・エニックス・ホールディングス）初代社長として『ファイナルファンタジー』を世に送り出し、現在はアクティブシニアタウン「スマートコミュニティ稲毛」を運営する実業家――は、りんかい線東京テレポート駅とゆりかもめ青海駅に挟まれた広大な土地を前にしていた。「世界都市博覧会」の開催予定地だった臨海副都心青海ST区画だ。

宮本氏の会社と「森ビル」が50％ずつ出資し、東京都から10年の期間限定で約1万坪の敷地を借りたのである。森ビルの故・森稔社長（当時）は当初、スポーツメーカー「ナイキ」のナイキタウンを造りたいということで、ナイキの社外取締役をしていた私のところに話が来た。私は友人の宮本氏と話をしているうちに、別の「構想」を描いた。

それは、ここに「劇場型の街」を誕生させてしまおうというものだった。20代後半の女性をターゲットにした「全天候型のテーマパーク型ショッピングモール」――それが1999年にオープンした「ヴィーナスフォート」だ。当時、日本の若い女性が憧れていたヨーロッパの街並みを屋内に造り、あちらの街歩きの雰囲気に包まれながら掘り出し物を探すことができるという劇場型ショッピングモールである。詳細は、宮本氏との共著『感動経営学―ヴィーナスフォート誕生秘話』（小学館）に譲るが、要は、何もない空き地に人々が集う絵を「構想」したのである。来場者は開業日から20日間で延べ160万人に達し、順調な滑り出しを記録した。

そもそも街などないペンペン草の生えた埋立地だ。私たちは「どのような施設を造って、どのような人を集めるか」と考え、人の流れまでも「構想」していったのである。

そこで、延べ床面積約7万㎡の広大な空間には、中世ヨーロッパの街並みをはじめ、刻々と変化する天空を演出した。天井部はコンピューター制御により、昼の青空から夕焼け、夜、朝焼けへと約1時間のローテーションで刻々と変化する。建物の中でありながら、まるでイタリアや南フランスの古い時代の本物の街を歩いているような感覚を味わってもらえるように工夫したのである。

最初から何かあるところにアイデアをプラスすることは難しくない。だが、「0から1」を考えなければならなくなった時、人は「構想力」を問われるのだ。

"10億人の口座"という構想

「シティバンク」をはじめとする「シティグループ」は、言わずと知れた世界最大級の金融グループである。世界160以上の国と地域に約2億の顧客口座を有するが、この地位を築いたのは、ジョン・リード元CEOの構想力によるところが大きい。

1984年に45歳の若さでシティバンクの会長兼CEOに就任したリードは、これからの銀行のあり方を「構想」した。来るべき未来を予想したのである。

そして担当者にこう告げたという。

「これからは10億人の口座がないと、銀行はリテール部門で生き残れない。だから10億口座はなんとしてでも必ず達成しろ」

これがトップの構想力というものだ。

とかく日本の経営者は「とにかく利益を増やせ！」と構想もビジョンも示さず、利益だけを増やすように命じる。しかし、それでは下は動きようがない。トップは、まず大きな構想を描くべきなのである。構想があるからこそ、「コンセプト／ビジョン＞戦略＞事業計画」と会社は一丸となって進むことができるのだ。

リードは、これからの銀行の姿を「10億人の口座」という具体的な言葉にした。

この構想から生まれたのが、携帯電話の「電子ウォレット（電子財布）」である。「10億人の口座」を実現させるためには、今までのやり方ではとうてい覚束《おぼつか》ない。だったら、現代人が必ず所有している携帯電話を銀行にしてしまえばいいということで「電子ウォレット」というアイデアが生まれたのだ。「10億人の口座」構想があったからこその「電子ウォレット」なのである。

シティバンクは他にも、インドのバンガロールで最低預入金額を25ドル以下にしたバンキングサービスを始めて大流行させた。これも「10億人の口座」という構想があったから生まれたアイデアだろう。

こうした「構想」は、すべての偉大な経営者に通じる。

たとえばノキアのヨルマ・オリラ元会長兼CEO。ノキアはそれまで、ゴムの長靴やタイヤ、紙、電子部品を製造する小さな会社だったが、彼は「携帯電話を誰もが持つ時代がやってくる」という構想のもと、倒産寸前だったノキアを携帯電話会社へと転換し、世界一の携帯電話メーカーに変貌させた。ノキアは市場占有率および販売台数の両方で、1988年から2011年まで世界の首位だった。現在はマイクロソフトの傘下に入ったが、ノキアがフィンランドの経済を押し上げたことは間違いない。

そのマイクロソフトの創業者ビル・ゲイツは、コンピューターが特別なものだった時代に「すべての机と、すべての家庭にコンピューターを」という構想を掲げ、実際、その世を実現させてみせた。グーグルの共同創業者ラリー・ペイジとセルゲイ・ブリンは、「ウェブページがうまく探せない」という現状を目の前にして、「ユーザーのニーズに一致する検索エンジン」という構想を思いついた。

ゲイツも、ペイジも、ブリンも、「構想」を描いた当時は世界に名だたるリーダーだったわけではない。それどころか、まだ誰からも知られていない〝個人〟だった。だが、「構想」によって彼らは世界を変革していったのである。

「構想」こそ、0から1を生み出す発想力・イノベーション力の要なのである。

先人たちの見ていたもの

ここで、欧米の経営者たちの「構想」を抜き出してみよう。彼らは何を目にして、そこから何を構想したのか？　ここからヒントを嗅ぎ取ってもらいたい。

■ウォルト・ディズニー／ウォルト・ディズニー・カンパニーの創業者
○実際に目に見えていたもの＝ワニの出てくる湿地帯。
○他人に見えないもの（構想）＝子供たちだけでなく、親も夢中になれる場所。

■ビル・ゲイツ／マイクロソフト創業者
○実際に目に見えていたもの＝コンピューターは特別なもの。
○他人に見えないもの（構想）＝すべてのデスクと家庭にコンピューターがある。必要な時に必要なソフトウエアを使える。

■スコット・マクネリ／サン・マイクロシステムズの共同創業者
○実際に目に見えていたもの＝コンピューターは単体で動く。
○他人に見えないもの（構想）＝ネットワークこそがコンピューターである。

■ヨルマ・オリラ／ノキア元会長兼ＣＥＯ
○実際に目に見えていたもの＝携帯電話は一部の人のもの。
○他人に見えないもの（構想）＝携帯電話を誰でも持つ時代がやってくる。

■ラリー・ペイジ、セルゲイ・ブリン／グーグルの共同創業者

○実際に目に見えていたもの＝ウェブページを探せない。
○他人に見えないもの（構想）＝ユーザーが一発で目的のサイトを見つけられる検索エンジン。

どうだろうか。

彼らは「見えないもの」を具体的な絵にできたのである。だからこそ、世界を席巻した。しかし、こうした「構想力」は欧米人の専売特許ではない。日本人の経営者たちもまた、「構想」を描き、成功を収めてきた。

いくつか例を挙げよう。

■本田宗一郎／本田技研工業の創業者
○実際に目に見えていたもの＝ユーザーの需要がわからない。
○他人に見えないもの（構想）＝我々のアイデアがそこに需要を創り出す。

■川上源一／日本楽器製造（現ヤマハ）の第4代社長、ヤマハ発動機の創業者
○実際に目に見えていたもの＝余暇・レジャーは一部の人たちだけのもの。
○他人に見えないもの（構想）＝娯楽の少なかった日本に音楽やレジャー需要ができる。

■立石一真／立石電機（現オムロン）の創業者
○実際に目に見えていたもの＝現金でのやりとり。
○他人に見えないもの（構想）＝キャッシュレス社会が必ず到来する。

■孫正義／ソフトバンクの創業者
○実際に目に見えていたもの＝インターネットでできることは限られている。
○他人に見えないもの（構想）＝すべての生活シーンがインターネットでつながる。

他人に見えないものを形にする力

先人たちの「構想」を見ればわかる通り、これは夢物語ではない。子供の夢想や空想と

は一線を画すものだ。そこには、いくつかの「事実」があり、「兆し」がある。彼らはそれぞれが「早送りの発想（Fast-Forward）」を用いたり、「それらすべてが意味することは何なのか？（What does this all mean?）」と問うたりしながら、ファクツを組み合わせていって、壮大な絵を描くのだ。そこにはロジックがある。単なる思いつきとは違うということを理解していただきたい。

だが、難しく考えることはない。

トレーニング次第で、誰もが「構想」を描けるようになる。本書はそのためにある。

大事なポイントは次の2つだ。

①構想は、コンセプトやビジョンよりも1つ大きな概念である。

②構想は「見えないもの」を個人の頭の中で絵にすることである。

「デジタル大陸」以前の時代は、知識を持っている人材に価値を認めていた。だが、知識はグーグル検索に置き換えられてしまった。知識はインプットするだけでは意味がない。それを発想に結びつけ、ひたすらアウトプットするのだ。そうすることによって「思考のジャンプ＝イノベーション」の発想ができるようになる。

そして、こうした発想のゴールの１つが「構想」なのである。他人に見えないものを形にする力——すなわち「構想力」や「発想力」が、今、必要とされている思考能力だ。なぜなら、それこそＡＩやロボットなどで代替の利かない能力だからである。

実践編

「新たな市場」を作り出す4つの発想法

1 感情移入

——ユニ・チャームはなぜ女性に受け入れられたか

「11の発想法」は「覚えて終わり」ではない

「0から1を生み出す」イノベーションができる人材となるための考え方として、これまで「戦略的自由度（SDF＝Strategic Degrees of Freedom）」から「構想（Kousou）」まで11の発想法を掲げた。

だが、肝要なのは、これらを公式のように覚えることではない。発想法を「使える道具」にしなければ意味がないのだ。

これまで紹介した11の発想法は、剣道の稽古で言えば「形」である。上段の構え、下段の構え、足さばき……こうした「形」を習得して初めて、勝負の場に立つことができる。

「形」は、本を見ればすぐにわかるだろう。だが、相手と竹刀を向き合わせた真剣勝負の場で、本を読んでいる余裕はない。だからといって「形」を丸暗記し、相手がこう打ってきたら左によけて……と頭の中で復唱していたら、間に合わない。

ビジネスも同じだ。普段から「11の発想法」を使って考える癖をつけることで、課題が出てきたら、すぐに別の視点から発想できるようになる。

ただし、現実のビジネスの場では、11の発想法で考えるだけでは解決できない課題もたくさんある。そうした時のために、基礎編と組み合わせて使える4つの発想法を紹介しておきたい。

まずは「感情移入」だ。

論理的な思考を紹介してきた中で「感情移入」と聞くと違和感があるかもしれないが、実は新たな商品や画期的なサービスが生み出される時、根幹には「感情」が横たわっていることが多い。

感情移入について考える時、私は、現代のビジネスマンは葛飾北斎に学ぶべき点が多いと考えている。

江戸後期に活躍した浮世絵師の北斎は、生涯に3万点を超える作品を発表した。その代表作は『富嶽三十六景』だろう。

刊行される際の広告に、次のような文言がある。

〈此絵（富嶽三十六景）は富士の形ちのその所によりて異なることを示す。或は七里ヶ浜にて見るかたち、又は佃島より眺むる景など、総て一やうならざるを著し、山水を習ふ者に便す。此ごとく追々彫刻すれば猶百にも余るべし。三十六に限るにあらず〉

あらゆるところから富士山を眺め、そのかたちをとらえようとした。すると、同じ山が違って見えるというのである。北斎は『富嶽三十六景』が完成してすぐ、今度は『富嶽百景』に取りかかったほどだ。自らのビジネスをそのようにあらゆる視点から眺めることは重要だ。

その後、浮世絵は磁器や陶器を包むための緩衝材として海を渡り、偶然、ヨーロッパ人の目に触れた。ゴッホなどは浮世絵の模写を何枚も残している。

なかでも注目を集めたのは『富嶽三十六景』の中の1枚、「神奈川沖浪裏」だ。荒れ狂う巨大な波の向こうに小さく富士山が見える、有名な絵である。ゴッホは弟テオに宛てた手紙の中でこの絵を絶賛し、作曲家ドビュッシーは仕事場に掲げて、交響詩『海』を作曲したと言われている。それほど世界に衝撃を与えた絵だったのだ。

「神奈川沖浪裏」は、今や誰もが知るところとなった。欧米のコンピューター・グラフィックスのあるコースでは、この絵をコンピューター・グラフィックスで再現できるかどうかを問うカリキュラムがあるほどだ。

「神奈川沖浪裏」を見れば見るほど、北斎は、いったいどこから見たのかという疑問が湧く。どこか海辺に座ってスケッチしたような構図ではない。北斎は、いったん富士山を自分の中に取り込んで、頭の中で構図を描いているのだ。私は、これこそ「発想」だと考えている。

そして私は、こうした北斎の頭の中の動きを「感情移入」と呼んでいる。感情移入したからこそ、「神奈川沖浪裏」という現実にはあり得ない構図が見えてきたのだ。

ユニ・チャーム創業者は「女性」に感情移入した

生理用品や紙おむつなど衛生用品の大手メーカー「ユニ・チャーム」は、１９６１年に高原慶一朗氏が創業した会社だ。当初は建材メーカーだったが、１９６３年から生理用ナプキンの製造を開始した。今では国内はもちろん、東南アジアなどに進出して高いシェアを誇っている。それは同社の製品が女性に受け入れられたからにほかならない。

なぜそれを実現できたのか？　これは高原慶一朗氏本人に聞いた話だが、生理用ナプキンの開発当初、高原氏は自分のパンツにそれをつけ、感触を確かめたという。営業に行く際には、ずっとつけていたそうだ。「女性」に感情移入していたのである。その後も、高原氏と同じように自ら一晩ナプキンを当てて寝る開発チームの男性社員がいた。徹底的に使い心地にこだわったからこそ、ユニ・チャームはここまで成長したのである。

「日本マクドナルド」の創業者・藤田田氏もそうだった。

藤田氏は、アメリカでハンバーガーが流行しているところを目撃していた。だからといって、単純に「日本に持ってきたら売れるはず」という安易な発想で日本マクドナルドを始めたのではない。藤田氏は、日本人の体格や体力がアメリカ人に負けているのは、食べ物のせいだと考えていた。それを解決できる手段として考えたのが「ハンバーガー」なのである。だから藤田氏は、ことあるごとに「日本人はもっとハンバーガーを食べなきゃダメだ。そして欧米人に負けない体力をつけるんだ」と言っていた。ハンバーガーに心底、惚れ込んでいたのである。やはり「感情移入」だ。

私はかつてアメリカのスポーツメーカー「ナイキ」の社外取締役を務めていたが、その時、フィル・ナイト会長の「感情移入」を目の当たりにしている。

ナイキは、スタンフォード大学ビジネススクールでＭＢＡ（経営学修士）を取得したナイト氏らが起こした会社で、当初は日本のメーカー「オニツカタイガー」（現在のアシックスの前身となった1社）からスポーツシューズを輸入販売する会社だった。ところがその後、オニツカタイガーの販売権を失ってしまい、独自のブランド、独自のデザイン、独自の供給源を持たざるを得なくなった。その結果、ナイキ（当初の社名はブルーリボンスポーツ）が誕生し、世界を席巻していく。

ナイキが世界的企業に成長した1つの要因は、人気スポーツ選手のスポンサーになったことだ。その1人が「バスケットボールの神様」と称されるマイケル・ジョーダンである。

この頃、ナイキはバスケットボールに参入できていなかった。だが、ナイト氏は高校時代からジョーダンを追いかけていた。そして、ノースカロライナ大学での活躍、ロサンゼルスオリンピックでの金メダル獲得……というジョーダンの未来に確信を抱き、「年間50万ドルの5年契約」という当時としては破格のオファーを提示し、アディダスと契約するとみられていたジョーダンを翻意させたのである。

ナイト氏は常々「優れたスポーツ選手は芸術だ」と言っていたが、彼はまさにジョーダンに〝美〟を見たのである。

ナイキ創業者はウッズに興奮した

そんなナイト氏が、ゴルファーのタイガー・ウッズとのスポンサー契約の話を持ってきた時、ナイキの取締役会は紛糾した。

当時、ウッズはアマチュアの大学生。18歳の時に「全米アマチュア選手権」で史上最年少優勝を果たし、19歳、20歳と3連覇を達成したものの、スタンフォード大学の学生にすぎなかった。その学生アマチュア選手に対し、ナイト氏は「7年契約をしたい」と提案したのである。しかも、その額は当時のナイキの収益の4分の1を占める額だった。アマチュアの大学生にポンと出せる額ではない。

当然、私を含めた取締役は大反対した。契約を結ぶにしても1年契約にとどめ、成績を見て2年目以降に延長するようなリスクを抑える契約をしたらどうか、と提案した。だが、ナイト氏は「7年じゃなきゃダメだ」と突っぱねた。

彼は「ウッズは必ずブレイクする。ブレイクしてから契約したのでは、とても手を出せない金額になる。だから、この時点で誰からも手を出されないように7年契約にする」と主張した。

いくら創業者が「やりたい」からといって、取締役会の決定は無視できない。この時の取締役会は、ナイト氏以外の全員が反対という方向に傾いていた。もし、この時点で決を採っていたら、「7年契約」の提案は却下されていただろう。

その時、ナイト氏は私たちに向かってこう語り出した。

「私は、タイガー・ウッズが13歳の時から見ている。私は彼に興奮したんだ。この興奮は、高校時代のマイケル・ジョーダンを見た時と同じだ。私はジョーダンの時に感じたのと同じ興奮を、ウッズにも感じるんだ」

興奮――言い換えれば「感情移入」だ。彼は当時20歳の学生に、感情移入していたのである。

私たちは、高校時代のマイケル・ジョーダンを知らない。だが、彼がスーパースターになったことは知っている。そのジョーダンを見出したナイト氏が、タイガー・ウッズに同じ興奮を覚えるのなら、彼の言う通りにしてみようじゃないか。

その「感情移入」に、取締役会が動かされたのである。

結果は、ご存じの通りだ。

ナイキとの契約とほぼ同時に大学を中退してプロゴルファーに転向したウッズは、すぐに勝利を重ねていく。1997年にはメジャー大会「マスターズ・トーナメント」に出場して2位以下を圧倒的なストローク差で突き放し、最年少優勝（21歳3か月）を飾ったのである。この年には、21歳にしてPGAツアーの史上最年少賞金王にも輝くという快挙を成し遂げた。

メディアは、テレビも雑誌もウッズの話で持ちきりとなった。このマスターズの優勝で、ナイキはあっという間に契約金の元を取ったのである。

ナイト氏の言葉に、次のようなものがある。

〈よく「レストランを開きたい」と言う人がいる。しかし、レストランの厨房で1日23時間働く覚悟がなければ、また、稼ぎがまったくなくても「この仕事が本当に好きだから」と言えるようでなければ、やめたほうがいい〉

ナイト氏は経営者として評価されているから、さまざまな業界・企業からマネージメントを依頼される。だが「23時間働く覚悟」を持てる仕事でなければ、いくら大金を積まれても断ってしまう。

たとえば、彼は「電気は苦手」だと言う。何回説明を聞いても、電気の仕組みがわからない。わからないから感情移入できない。感情移入できないから、発想も湧かないと言うのである。だから、電力業界からどんなに大金を積まれてオファーを受けても、彼は首を縦に振らない。

ジョブズがイノベーションを起こすことができた理由

つまり「感情移入」とは、発想の源なのである。いかに商品やサービス、会社に対して「感情移入」できるのか。ビジネスマンは、そこが問われているのだ。

「感情移入」にはもう1つの利点がある。失敗しても立ち上がるための原動力になることだ。

アップルの創業者スティーブ・ジョブズは、スタンフォード大学卒業式での祝賀スピーチでこのように語っている。

〈私がこれまでくじけずにやってこられたのは、ただ1つ。自分がやっている仕事が好きだという、その気持ちがあったからです〉

1976年にアップルを創業し、25歳でフォーブスの長者番付に載ったジョブズだが、順風満帆な人生だったわけではない。創業から10年足らずの1985年に同社を追放されてしまう。戻って来たのは、それから約10年後の1996年だ。iPhone開発にしても、さまざまな苦労話が語られている。

だが、ジョブズは「自分がやっている仕事が好きだ」というただその1点で、何度でも立ち上がった。「感情移入」の強さである。

前述のナイト氏もよく口にしていた。

「やることすべて、成功する必要はない。何回失敗しようが、最後の1回で成功すれば、あなたは成功者と呼ばれる」

「好きだ」と思って続けていれば、何度でもチャレンジできる。壁にぶつかった時に「なんとかしよう」と頭をひねるから、アイデアが生まれる。

嫌々ながら仕事をしている人は、イノベーションなど起こせない。ただ単に給料をもらって目の前の仕事をこなしている「処理型ビジネスマン」は、発想からはほど遠い。成功した先人たちの教えからは、まず自らの抱える課題にどっぷり浸かって「感情移入」することが最も重要だということがわかるだろう。

2

どんぶりとセグメンテーション

——大ヒットシャンプーの裏にあった考え方

真逆に振り子を振ってみる

江戸時代、職人たちは、腹掛けの前部に「共布《ともぎれ》」という大きな物入れをつけていた。これを「どんぶり」という。この「どんぶり」の中に金を入れておいて、無造作に出し入れして使ったところから「どんぶり勘定」という言葉が生まれた。今では、おおまかに金の出し入れをすることを「どんぶり勘定」と言う。その「どんぶり」から生まれたヒット商品がある。

一方の「セグメンテーション（細分化）」は、マーケティングでよく使われる用語である。ユーザーをセグメント、つまり区別することだ。

マーケットの中で似た特性を持ち、同じようなニーズを発生させる個人や団体をセグメントと呼ぶ。この特性は、性別、年齢、職業、所得、住む地域といったものから、独身か既婚か、インドア派かアウトドア派かまで、認知可能な分類であれば何でも該当する。特性は、「切り口」や「軸」「変数」とも言うことができるだろう。

マーケットをこのようなセグメントに分類するプロセスが「セグメンテーション」である。

たとえば、シャンプーで考えてみよう。

シャンプーの場合、特性としては「性別」「年齢」の他にも「髪質」「地肌」「髪の長さ」「ヘアカラーの有無」などが考えられる。「地肌」で言えば、脂っぽいのか、フケやかゆみで困っているのか。「髪質」ならば、髪の傷みが気になるのか、パサつきが気になるのか。このようにさまざまなセグメントの仕方が考えられるだろう。

ヘアケア製品で、メーカー別シェアナンバーワンを誇る花王のセグメント例を見てみよう。

●美容に関心のある若い女性／高級志向……「アジエンス」
高級路線のアジエンスはテレビコマーシャルでもお馴染みだろう。同ブランドの中でも髪質によって「軽やかに仕上がるタイプ」と「しっとり仕上がるタイプ」にセグメントしている。また、さらに「より高い美容意識を持つ女性」をターゲットに、「アジエンスMEGURI（メグリ）」シリーズを2015年秋に投入した。
●20〜40代の女性／髪質が気になる層……「エッセンシャル」
「ダメージケア」というコンセプトで誕生したブランドだ。「ひどく傷んだ毛先までしっとりまとまる」ことが売りの「リッチダメージケア」、「乾燥しがちな髪もふんわりうるおう」ことが売りの「エアリーモイスト」、「さらさら軽やか　やわらかな指どおり」が売りの「フリー＆スムース」の3つにさらにセグメントしている。
●40代の女性／高級志向……「セグレタ」
髪のアンチエイジング機能を持たせることで、とくに40代の女性にターゲットを絞って訴えかけている。

●フケやかゆみが気になる層……「メリット」
1970年、フケ・かゆみ防止機能を前面に打ち出して登場し、一躍人気ブランドとなった。

このように、非常に細かくセグメントされているのである。他にも、頭皮トラブルを防ぐための薬用シャンプー「キュレル」、男性のためのメンズヘルスケアブランド「サクセス」など、ターゲットを絞った商品を展開している。

これは花王に限らない。ヘアケア製品はセグメンテーションを軸に発展してきたと言えるだろう。

しかし、セグメンテーションにも限界がある。

たとえば、家族4人で暮らしている場合、それぞれが自分用にセグメントされたヘアケア製品を使うと、シャンプー、リンスがそれぞれ人数分必要になり、浴室に8本のボトルが並ぶ事態になってしまう。女性陣のトリートメントを数に入れれば、10本を超える。ユーザーのことを考えてセグメンテーションしたつもりが、むしろストレスを生じさせるケースが出てくるのである。

こうした時に、どう発想すればよいか。

セグメンテーションの真逆に、振り子を振ればよいのである。つまり「どんぶり」だ。業界がセグメンテーションを競っている時に、「どんぶり」をぶつけるのである。ヘアケア製品で言えば「リンスインシャンプー」だ。

事実、1989年に登場したライオンの「ソフトインワン」は、キャッチコピー「ちゃんリンシャンプー」(=「ちゃんとリンスしてくれるシャンプーです」)が話題となり、大ヒット商品となった。リニューアルを経て、今なお売れ続けているロングセラー商品である。「これ1本あればいい」というどんぶり戦略が功を奏した例だろう。

「どんぶり」が横行する日本の銀行界

その業界がセグメンテーションに振れすぎていたら、「どんぶり」で勝負する。あるいは、業界全体が「どんぶり」で商品を提供している場合は、ターゲットを絞ってセグメントしていく。そうした発想が新たな商品やサービスを生むことがある。

日本の場合、全体的には、まだまだセグメンテーションできていない分野が多い。細分化をやり尽くした業界では「どんぶり」で考えるのもよいが、そうでない場合は海外の市場を研究してセグメンテーションされた例を参考にすると、思わぬアイデアが浮かぶことがある。

たとえば、金融や保険といった分野では、欧米のセグメンテーションが参考になるだろう。ここでは銀行で考えてみよう。

外資系を除けば、日本の銀行のサービスは、完全な「どんぶり」である。どんな顧客にも同じようなサービスを提供し、まったくセグメンテーションできていない。融資に対する審査は担保主義で、借り手はほぼ一律の金利で借りるしかない。預金金利もほぼ一律だ。

欧米の銀行はまったく異なる。借り手のセグメント別に「リスクプロファイル」を作成し、借り手はどういう状況にあるのか、詳細を把握するのだ。顧客の情報を数値化して、統計的に落とし込んでいく。信用格付けを銀行が貸し手に対して独自に行なっているわけだ。

その格付けを、仮に上からA、B、C、D、Eと並べてみよう。

最高格付けのAならば、貸出期間は長くなり、限度額も増える。また、金利も安く済む。一方、格付け下位のEならば、貸出期間は短く設定され、限度額も低くなる。金利もAより高くなる。

銀行サイドから見れば、高格付け先には、審査スピードを上げ、資産状況をチェックするモニタリング頻度を下げることができる。優良顧客には余計な経費をかけなくて済むということだ。一方の低格付け先には、審査やモニタリングの労力を重点的にかけていく。当然、優良顧客よりも経費はかかるが、リスクを考えれば当然だ。

セグメンテーションを行なうもう1つの利点は、融資の判断が的確かつ迅速にできることだ。

欧米の銀行は、まず借り手について統計的なリスクプロファイルに基づいた「クレジットスコア」を作成する。その中でも代表的なモデルが、アメリカのフェア・アイザック社が開発した「FICO《ファイコ》スコア」だ。これは信用度（クレジット）を得点化したもので、そのスコアは以下の要素によって決定される。

●支払い履歴

クレジットカードやローンの支払い履歴は当然、重要なチェック項目だ。期限内に支払いをしてきたか、もし遅れた場合は何日遅れたか、長期延滞はあるか、延滞頻度はどのくらいかなど、支払いの「習慣」を数値化する。

●借入残高

大きな額を借りていること自体がスコアに影響するわけではないが、借入先が1つなのか、それとも複数なのかをジャッジする。借入限度額いっぱいに借りている場合や、複数から借り入れている場合は、スコアが低くなる。逆に、繰り上げ返済を行なっていたり、ローンを定期的に返していたりする場合はスコアが高くなる。

●「クレジットヒストリー」の期間

クレジットカードを有している場合、次々に乗り換えるよりも、1枚のカードを長く使っているほうがスコアが高い。その期間、お金の管理ができている証拠になるからだ。ただし、いくら保有期間が長くても、休眠状態のカードはスコアにプラスにはならない。

●新規借り入れの多さ

新しくクレジットカードなどを作るとスコアに影響する。とくに短期間の間に何枚もカードを作ったり、新規借り入れがあったりすると、「リスクが高い」と判断される。また、与信業者からの信用照会の回数もスコアに反映される。問い合わせ自体がヒストリー（履歴）として記録されているのだ。たとえば、あるカード会社にクレジットカードを申し込んだが審査に通らず、別の会社で申し込んだとしよう。この場合、2件の会社から信用照会される。信用照会の回数の多さは、スコアにマイナスとなる。

●クレジットの種類と組み合わせ

どのような種類の借金をしているか、ということが問題になる。たとえばクレジットカードの月々の支払い、分割払い（小売店や保険）、消費者ローン、住宅ローン……この組み合わせが不自然だと、リスクが高いと判断される。

「ＦＩＣＯスコア」は、３００～８５０点の範囲で出てきて、上から「ＥＸＣＥＬＬＥＮＴ」「ＶＥＲＹ　ＧＯＯＤ」「ＧＯＯＤ」「ＦＡＩＲ」「ＰＯＯＲ」の5段階に分類される。

このスコアを用いるから、欧米では融資の審査が迅速だ。また、ローンを組む場合の利率が変わってくる。高格付け（スコア７６０～８５０点）と、低格付け（スコア５００～５７９点）を比べた場合、高格付けのローン金利が低格付けの半分以下ということもあり得るのだ。

セグメンテーションで生まれるビジネスチャンス

一方、日本の場合は未だに「どんぶり」による査定なので、一様に審査に時間がかかり、その分、経費もかかる。

日本の金融業界のもう1つの問題は、たとえばＦＩＣＯスコアで７６０点以上である「ＥＸＣＥＬＬＥＮＴ」の層を取り込みにくいということだ。

セグメントできていれば、「ＥＸＣＥＬＬＥＮＴ」には低金利で融資し、預金の金利も優遇することができる。この優良顧客層を取り込めば取り込むほど、貸し倒れなどのリスクは減少する。

保険業界も同じだが、日本の中には伝統的な考え方や商習慣に縛られ、顧客をセグメンテーションできていない分野が多い。これは、とらえようによってはチャンスである。セグメンテーションという観点で発想することでイノベーションになり、ビジネスチャンスが生まれる可能性があるからだ。

その一方では、前述したヘアケア製品のようにセグメンテーションが進みすぎて、ユーザーを無視した商品の細分化もあちこちで起きている。そうした場合には一歩引いて、「どんぶり」の発想を持ち込むとよい。

「どんぶり」と「セグメンテーション」は、いわば振り子の両端と言える。競争相手とユーザーの目的や心理を頭に入れながら、どちらに振ったほうがよいのか思考するのである。

3 時間軸をずらす

――「コスト」がネックになった場合の対処法

「トータルコスト」の考え方で高額商品も売り込める

前項の「どんぶりとセグメンテーション」は、思考するポジションをずらすことで発想する方法だ。似たようなものに、「時間軸をずらす」方法もある。

とくに考えるべきは、「コスト」と「投資」の時間軸を変えるものだ。それをずらして考えれば、セールスで売りにくいと思われている商品を売り込んだり、あるいは新たなビジネスアイデアを実現する際の壁となってきた資金不足などの課題を突破できたりすることがある。

時間軸をずらす考え方を理解するために、身近な例として「個人の購買時の意思決定」について考えてみよう。

たとえば、誰かがパソコンを買う場合、「支払金額の大小」は商品の決定に大きな重みを持つ。同じスペックならば、安いほうを買うのは当然だ。

こうした「支払金額の大小」を重要視する顧客に対して、「時間軸をずらす」アプローチで売り込むのである。

まず、購入するパソコンを何年使うつもりなのかを聞く。仮に5年だとしよう。すると、まず必要なのはハードウエアの購入費だ。そしてソフトウエアやネット環境整備などの費用も要る。パソコンを5年使い続けるためには、ソフトウエアの更新料、パソコンのメンテナンス費、電気代もかかる。

つまり「5年使用するパソコン」と考えた場合、必ずしも「ハードウエアだけの支払金額の大小」は重要ではないのだ。TCO（Total Cost of Ownership）――総所有コストで比較するのである。

私がパソコンの営業マンならば、「ハードウエアだけの支払金額の大小」で決定しようとしている顧客が目の前にいたら、ＴＣＯの比較を持ちかける。ソフトウエア費用やメンテナンス費用などを含めた「総所有コスト」で比較するならば、あなたが買おうとしている他社のパソコンよりも、わが社のパソコンのほうがトータルで安いですよ、と勧めるのだ。

目先の「購入費用」の「時間軸」をずらし、「5年」という新しい判断基準を用意してあげるわけだ。

これは、コピー機や自動車などの場合も当てはまる。

たとえば、1000万円の高級自動車を目の前にすれば、購入に躊躇するものである。だが「5年後に売れば、少なくとも600万円で売れますよ」と勧められたらどうだろう。そうすると顧客の頭の中では、1000万÷5ではなく、400万÷5という式にすり替わる。「時間軸」がずれることで、「400万円なら手が届くかも……」と思考が変化していくのだ。

アメリカのＧＥは、このＴＣＯを武器にのし上がった会社でもある。ＧＥの関連会社に、医療機器を扱う「ＧＥヘルスケア」がある。例として、同社がＣＴの高額な機器をどう売り込んでいるのかを見てみよう。

彼らはまず、24時間・365日対応するリモートメンテナンスシステム「InSite」を用意した。「InSite」はGEと通信回線で結ばれていて、監視・点検だけでなく、一部の修理も遠隔で行なうことができる。

さらに、カスタマーコールセンターでは、エンジニアがやはり24時間・365日対応する。装置の不具合の半数は、このコールセンターまでの時点でリモートメンテナンスシステム「InSite」を用いて解決してしまう。

また、機器のメンテナンスだけでなく、医療機関側が操作に習熟することにもGEが一役買っている。機器の扱い方が理解できるオンライン学習プログラムを受講できるサービスがあるのだ。これにより、日常使用していないアプリケーションが必要になった時でも、都合の良い時間に操作の予習・復習が可能となる。

CTのような数億円もする高額機器を導入した場合、機器がダウンした時の損失は大きい。医療機関としては稼働率を上げて、少しでも早く費用を回収しなければならないのに、故障してしまっては元も子もない。その不安をGEは、24時間・365日対応のリモートメンテナンスシステムやカスタマーコールセンターで払拭したのだ。目の前の金額では他社より高いかもしれないが、TCOで考えれば――つまり「時間軸」をずらせばむしろ得である、と売り込んだのである。

コマツの建機が「日本シェア一位」の理由

日本でシェア第1位、世界でも第2位を誇る建設機械・重機械のメーカー「コマツ」（小松製作所）も、TCOの発想で商品を売り込んでいる。

たとえばコマツは、自社の建設機械に「KOMTRAX（Komatsu Machine Tracking System）」というシステムを導入している。

このシステムは、建設機械にチップを搭載し、GPSやデータサーバーを通じて24時間モニターしている。それによって車両がどこでどのくらい稼働しているか、車両がどのように使われているか、どの車両でメンテナンスが必要かといった情報が、現場に行かなくてもユーザーとコマツで共有できるのだ。

KOMTRAXのおかげで、顧客は稼働率の低い車両を把握して稼働率を高めたり、消耗品の交換タイミングを判断できたりするメリットがある。運転経費の削減や、作業者の勤怠管理が簡単にできるわけだ。コマツはそのシステムで得た膨大かつ鮮度の新しいデータを基に、新製品の改良や開発に生かすことができる。どちらにとってもメリットが大きいのである。

また、盗難対策としても優れている。遠隔操作が可能なため、仮に盗難に遭った場合は機械を停止できるのだ。どこで稼働しているかも把握できるので、盗難車を捜し出すことも容易である。

顧客がローンやリースで使用している場合は、支払いが滞ったら機械を停止させることもできる。KOMTRAXによって、費用未回収のリスクがぐっと減った。

購入を検討するユーザーからすれば、初期費用だけで比べるのではなく、TCOで考えればコマツの機械が得であるという判断にも傾くだろう。コマツが日本でシェア第1位、世界で第2位というポジションにいられるのは、「時間軸をずらす」発想ができているからだ。

GEにせよコマツにせよ、こうしたことがインターネットやGPSの技術革新によって可能になったことは言うまでもない。「デジタル大陸時代の発想」と、それに裏打ちされた技術が結びついているのである。

手元に資金がなくてもビジネス開発は可能

「時間軸をずらす」考え方は、商品を売り込む営業分野のビジネスマンだけが使えるテクニックではない。まったく新しい商品やサービス、事業を創り出そうとする際の発想法としても使うことができる。目先のコストや予算に縛られて発想を貧しくするのではなく、「トータルで考えたらどうだろう」と、発想そのものの「時間軸をずらす」のだ。このことで、従来とは異なるコストの考え方、従来とは違った意思決定の尺度を手に入れることができる。

ここで、TCOと並ぶ「時間軸をずらす」方法である「NPV（Net Present Value）」を紹介する。「正味現在価値」と訳され、「収益還元法」と呼ばれる考え方の重要な一要素だ。

香港国際空港の開発例で説明しよう。

1997年の中国への返還を控えた香港では、90年代前半から新国際空港の建設が喫緊の課題だった。それまで使っていた空港は滑走路が1本しかなく、すでに飽和状態にあった。誰の目にも、新空港の建設は必要と映っていた。

だが、ここで資金の問題が浮上した。

香港政庁が建設するわけだが、遠からず中国に統合される。香港政庁の借金は、香港返還の暁にはそのまま中国政府の借金となる。建設費は200億ドル。日本円にして2兆円の大プロジェクトである。中国政府が尻込みするのも致し方なく、計画は宙に浮きかけた。新国際空港を建設するには、香港政庁が債務を抱えず、民間資本で開発を進める方法を模索するしかなかった。

当時、私はマッキンゼー・アンド・カンパニーのアジア太平洋地区会長を務めていた縁で、このプロジェクトに関わった。そしてマッキンゼーが香港政庁に提案したのが、NPVの考え方だった。

まず、空港関連事業で将来収益が見込めるものをすべて書き出してみる。

●航空機着陸料

●ホテル事業
●エンジン整備などのメンテナンス費用
●免税店の出店料
●飲食店のテナント料
●荷物のハンドリング（カーゴサービス）

こうした将来の収益が見込める事業が、すべてNPVとなる。たとえば、空港にテナントとして入りたい業者がいるとすれば、その業者にテナントの権利を保障する代わりに、将来払うはずのテナント料を前払いさせるのだ。

方法としては、収益事業を権利化して金融機関に抵当に入れ、資金を調達する。そしてその権利を事業者に売却してしまうのだ。NPVの手法によって収益を先取りすることで、「時間軸をずらす」ことができるのである。

そうすれば、香港政庁は借り入れをしなくても新空港を建設することができるようになる。

日本だと何でもかんでも税金で建設してしまい、あとで赤字に泣くことになるが、これだと大きな事業でも元手の資金を調達せずにチャレンジすることができる。

問題点は、空港の開業後、収入を先取りしてしまったためにまったく収入が見込めないことだ。ＮＰＶ化した事業とは別に、何か付加価値の高いサービスや事業を考え出していく必要がある。

収益事業を権利化・証券化する例は、他にも考えられる。

たとえば、映画館や遊園地といったアミューズメント施設、病院や老人ホームといった医療・介護分野……こうした入場料や使用料など、将来のキャッシュフロー、収益が見込める事業は、プロジェクトそのものを抵当に入れて資金調達することができる。

つまり、アイデアさえあれば、手元に資金がなくても大きなビジネスを起こせるのである。

BOTならインドネシア高速鉄道を受注できた

「ＰＦＩ」という言葉は聞いたことがあるだろう。「Private Finance Initiative」の略で、公共部門が行なう事業をプロジェクト・ファイナンスによって民間資金を活用して実現するものだ。イギリスなどで広まり、近年は日本でも活用され始めている。

ＰＦＩにはいろいろな方法があるが、なかでも代表的なのが「ＢＯＴ（Build Operate Transfer)」だ。

ＢＯＴは、インフラ整備・運営の一手段で、民間企業が独自の資金を使って公共の認可の下に施設を整備（Build）・運営（Operate）し、一定期間にその利用料金で投資資金を回収したのち、公共にその施設を移管（Transfer）するという事業方式だ。

代表的な例は、オーストラリアのメルボルン港である。

メルボルン港はオーストラリアで最大のコンテナと一般貨物の港である。同港の再開発はＢＯＴの手法で進められた。

具体的には、まずビクトリア州がマスタープランを作成する。参入する業者はマスタープランに則って開発をしなければならないので、乱開発や調和の取れない街並みになる心配がない。業者はビクトリア州の許可を得て開発し、そこで将来生まれる収益で開発資金を回収する。約束した一定期間が過ぎ、業者も利益を得た時点でビクトリア州が所有権を得る。このBOTによって、ビクトリア州は税金を投じずに、世界でも有数の美しい港を手に入れることができた。

翻って日本はどうか？

たとえば東京都は、台場や晴海、築地といった土地を所有していたが、マスタープランを持っていなかったために、土地を切り売りすることしかできなかった。結果として残ったのは、調和の取れない使い勝手の悪い街である。

BOTは、大規模なインフラ整備で威力を発揮する。

ゴードン・ウー氏率いる香港のインフラ系コングロマリット、ホープウェル・ホールディングス（合和実業）はNPV、BOTの手法で成長した企業だ。

1990年代の中国はまだ経済大国とは言えず、インフラ整備に苦慮していた。高速道路の整備まで手が回らなかったのである。そこでウー氏は、香港から広州まで自分たちで高速道路を造ってしまった。政府と手を組み、料金収入を債券化して資金を調達したのである。

その発想を応用すれば、ウー氏の方式で日本企業も海外に打って出る際の活路を見出すことができる。

最近は、日本政府が海外へのインフラの売り込みに躍起になっているが、そこで問題になってくるのは資金である。インドネシアでの高速鉄道売り込みでも、日本はインドネシアに対し、総事業費約6000億円の75％を金利0・1％の円借款で賄うという提案を行なった。しかし、いくら低金利とはいえ、インドネシア政府は債務を負わなければならない。それに対してライバルの中国は、インドネシア政府に財政負担や債務保証を求めず、その代わりに中国とインドネシアの合弁企業に中国が建設資金を貸しつけるという提案を行なった。インドネシアが中国案を採用したのはそういう理屈があったのだ。

仮に日本がBOTの方法を採用したらどうだっただろうか。将来的な収益を担保に資金を調達すればよいと考えれば、「低金利で金を貸す」という提案にはならない。日本に「時間軸をずらす」発想があれば、インドネシアの高速鉄道は日本が受注していた可能性もあるのだ。

インフラ開発のような大型案件に限らず、事業や新商品のアイデアの多くは「資金を調達できない」という壁にぶち当たった時点でしぼんでしまう。もしくは、アイデアのスケールが小さくなってしまう。しかし、それではイノベーションはできない。

事業そのものを抵当に入れる。あるいは事業のキャッシュフローを抵当に入れる。今の世の中ではそうした「時間軸をずらす」方法で、資金を調達することが可能なのである。

4 横展開

――他の業界にこそ成長のヒントはある

同業他社からしか学ばない日本の経営者

「時間軸」の次は、視点を「横」にずらしてみよう。すると、違うものが見えてくる。日本のメーカーの場合、自分の会社と同じ業界・企業のことはよく研究し、知っている。たとえばリコーならばキヤノンの製品や技術について研究し、日産自動車ならばトヨタ自動車から学び、東芝なら日立製作所から学ぶといった具合である。

これは韓国企業も同様で、たとえばサムスンは先行する日本の家電メーカーを徹底的に研究した。日本から学び尽くしたら、今度はGEのいいとこ取りを始めている。

海外の先行企業から学ぶ方法は、日本企業も長くやってきたことだ。ヤマト運輸は、アメリカの貨物運送会社UPSや、200か国以上の国で展開する宅配会社FedExから学び、日本に応用していった。

先行他社から学ぶ姿勢を否定はしない。しかし、多くの企業では同業以外の企業の展開について研究が疎《おろそ》かになっているように見える。

つまり、同業他社のことを知るだけで思考をストップしてしまっているのである。だが、「自分は何でもわかっている」と勘違いすると、それまでの伝統や既成概念にとらわれてがんじがらめになる。それでは画期的なアイデアが生まれるはずがない。

ここまで繰り返し述べてきたように、現在は「デジタル大陸（Digital Continent）時代」だ。新しい企業やサービスが次々と誕生し、未来はなかなか予測がつかない。3年前、あるいは5年前にエアビーアンドビーやウーバーがこれだけ全世界でサービスを展開してビジネスを変えることを、想像できた日本人はそれほど多くないだろう。ということは、あなたの会社・業界が今と変わらないビジネスのままで3年後、5年後に生き残っている保証はない。だからこそ、違う業界、業態のビジネスについて学び、新たなビジネスのヒントを吸収する必要があるのだ。

アパレル企業がトヨタに学んで急成長

「インディテックス（ＩＮＤＩＴＥＸ）」というスペイン北西部・ガリシア州に本拠を置くアパレルメーカーがある。

同社は「ベルシュカ（Bershka）」「マッシモ・ドゥッティ（Massimo Dutti）」「オイショ（Oysho）」「ストラディバリウス（Stradivarius）」など、さまざまなファッションブランドを有しているが、日本人に最も馴染みが深いのは「ＺＡＲＡ」だろう。１９９８年に日本第1号店がオープンして以来、すでに国内に約１００の店舗を構えている。

私はインディテックスの本社を訪ねたことがある。首都のマドリードでも、地中海に面したバルセロナでもなく、スペイン北西のはずれの片田舎、海岸沿いの小さな町（ガリシア地方のラ・コルーニャ）に位置していた。ここには、アイテム別、加工工程別に、自社ブランドの製造工場が数多く立ち並んでいる。集中配置で効率化を図っているのだ。その中心が、13万㎡の巨大な物流センターである。

その中に入って私は仰天した。まるで高速鉄道網のようなベルトがたくさんあって、その上を商品が流れ、仕向地別のカゴのところに来ると、ストンとそこに落とされていく。ものすごいスピードだった。聞けば、「48時間以内に世界中のどの店舗にも配送できる」という。

通常のアパレルメーカーは、半年先、1年先のデザインを工場に発注している。ファッションの流行を予測して商品を開発しているのだ。しかし、その予測がすべて当たるとは限らない。市場は猛スピードで動いている。最先端のデザインのつもりで作っていても、発売時点では時代遅れになりかねない。結果的にファッションブランドは当たり外れが発生して売れ残った商品は大量の在庫となり、最後はアウトレットモールでダンピング販売されている。

インディテックスは、そうした業界の常識を疑うところからスタートした。デザインしてから店舗に並ぶまでの時間を短縮できれば、流行遅れで売れ残る事態が避けられると考えたわけだ。

そこで同社が学ぼうとしたのは、先行するアパレルメーカーではない。実は、トヨタ自動車であり、物流大手のＦｅｄＥｘだったのだ。

トヨタは「かんばん方式」が有名である。「ジャスト・イン・タイム」とも呼ばれる生産方式だ。必要な部品に関する情報が記載されている管理用のカードを「かんばん」と呼び、これに沿って「必要なものを、必要なタイミングで、必要なだけ」生産していく。そのため部品も商品も余分な在庫を抱えることなく、短期間で商品を消費者の手元に届けることができる。

インディテックスは、マーケットが「こんな服が欲しい」と言った時には2週間後に店舗に商品を並べられることを目標にした。そのため同業他社ではなく、異業種のトヨタから学んだのである。さらには、ＦｅｄＥｘの宅配サービスを参考にし、スピードを追求した巨大な物流センターを造ったのである。

「横展開」で他にない強さを手に入れる

最終的にインディテックスはインターネットもフル活用し、「ファッション・オン・デマンド」のシステムを作り上げた。長期のファッションのトレンド予測に基づいて絞り込んだ生地、原糸などを備蓄し、ＰＯＳ情報に基づいて染色過程を整理する。最初から染めてしまうと最新のファッション動向に対応できないので、「ジャスト・イン・タイム」で染色過程から管理する。販売動向に即応して数日で企画と生産仕様を開発し、このスピード作業を行なうために200名を超えるデザインチームを組成したのである。

各国の店舗はすべてPOSシステムによってつながっており、FedExに学んだ前述の巨大な物流センターで自動仕分けされて、翌日朝には世界中の店舗へ出荷される。東京・六本木の店舗であっても48時間以内に届く。

つまり、日本のZARAの店舗から「こんな服が10着欲しい」という依頼が本社に届くと、デザインから始まって2〜3週間後にはその店舗に商品が並ぶ、というスピード経営を手に入れたのである。

実はトヨタの「かんばん方式」がそもそも「横展開」だ。トヨタの公式HPには、次のように書いてある。

〈「かんばん方式」は、かつて「スーパーマーケット方式」ともいわれ、まさにスーパーマーケットからヒントを得て考案されました。（中略）スーパーマーケットは、顧客の必要とする品物を、必要なときに、必要な量だけ在庫し、いつ何を買いにきてもよい品ぞろえをしておきます。

ジャスト・イン・タイムを推進した大野耐一（元副社長）は、この考えを応用し、スーパーマーケットを前工程、顧客を後工程と考えました。顧客である後工程が、必要な部品を、必要なときに、必要な量だけを前工程に取りに行くことで、前工程がムダに部品を多く造り、後工程に貯めてしまうという、それまでの非効率な生産性を改善することができたのです〉

トヨタは、先行するフォードやGMに追随したのではなく、「横展開」で視点をずらし、「スーパーマーケット」という他業種のやり方に学び、「かんばん方式」を作り上げたのである。そして、今度はそれをアパレル企業が真似たのだ。そのインディテックスは、世界のSPA（アパレル製造小売）企業の中で売り上げナンバーワンを誇っている。

メキシコのセメント会社が成功したわけ

もう1つ、「横展開」で成功した企業の例を挙げよう。

セメント・コンクリートの製造・販売を行なうメキシコの「セメックス」だ。セメントの年間生産量約9200万t、世界50か国以上で展開するセメントメジャーである。

私がこの会社に興味を持ったのは、かつてスタンフォード大学で教鞭を執っていた時に、この会社から派遣されてきた男性がクラスにいたからだ。非常に優秀な人物で、暇があると私の部屋に来て、メキシコの将来やセメックスの今後について熱く語っていた。

セメックスは、メキシコの北部に1906年に誕生したセメント会社をルーツに持つ企業で、歴史は非常に古い。だが、1980年代半ばまでは、どこにでもあるメキシコの一セメント会社にすぎなかった。

しかし、1985年にロレンツォ・ザンブラーノ氏がCEOに就任して以降、セメックスは劇的な変貌を遂げる。その鍵は「配送」にあった。

生コンクリートは、品質の劣化が激しいため、ミキサー車に注入し始めた瞬間から凝固が始まってしまう。ミキサー車が後部の円筒形の容器を回転させているのは、輸送中でも適度な攪拌を行なわなければ、骨材や水が分離して均一ではなくなってしまうからだ。基本的に「生もの」なのである。したがって、より迅速に現場まで運ぶことが要求される。

ところがメキシコでは、都市開発が進んだことで交通渋滞が頻繁に発生していた。さらには天候不順、不安定な建設労働者の供給といった問題が横たわっていた。たとえば、交通渋滞で現場に遅れて到着し、生コンクリートが使いものにならない。あるいは、現場に着いてみたら工事の準備が整っていなくて納入できない。そうした状況により、セメント業界は頭打ち状態となっていた。

最大の問題は配送――ロジスティクスにあると見たセメックスのザンブラーノ氏は、配送改革に打って出る。そこで登場した考え方が「横展開」だ。ザンブラーノ氏は「FedEx」「宅配ピザ」「救急車」の3つを研究した。

FedExは、どうやって必要なものを、必要な時に、必要なだけ運んでいるのか。宅配ピザは、なぜ「時間通りに届かなかったら割引する」というサービスが可能なのか。救急車は、なぜ渋滞の中でも10分で現場に到着できるのか。

この研究の結果、セメックスはミキサー車の行き先を適宜変更できるシステムを作り上げた。それによって突然の注文にも対応可能となった。受注してから数時間で納入するスピード対応もでき、さらには顧客の建設計画に対し、いつどのくらいの生コンクリートが必要なのかという需要予測も可能にした。こうして無駄な生コンクリートの廃棄をなくし、かつ工事の進捗に悪影響を与えないようになった。

さらにセメックスは、異業種から学んだロジスティクスを買収した海外企業にも適用し、グローバル企業へと飛躍を遂げたのである。

ビジネスモデルとしての家元制度

ここまで見てきたのは企業が異業種の企業から学ぶという「横展開」の例だが、私はビジネスとはまったく関係のない組織からも、「横展開」の発想によって多くのことを学べると考えている。

たとえば、日本には「家元制度」がある。華道、茶道、能楽、日本舞踊、武術・武道……それらは家元制度になっている。この制度は端的に言えば、「先生を生み出す」というビジネスモデルである。

たとえば、あなたが近所の教室に入門したとしよう。生徒は、望めば昇級していくことが可能だ。日頃の稽古は、その昇級試験に受かるためというケースも多い。級や段が目に見えるかたちであるので、目指しやすい目標となる。やがて、ある一定のレベルに達すると「師範免許」を発行してもらえる。生徒が先生に変化するのだ。

茶道の裏千家の例で見てみよう。

①入門、②小習《こならい》、③茶箱点《ちゃばこだて》、とここまで取得して「初級」。さらに、④茶通箱《さつうばこ》、⑤唐物《からもの》、⑥台天目《だいてんもく》、⑦盆点《ぼんだて》、⑧和巾点《わきんだて》、までを取得して「中級」。続いて⑨行之行台子《ぎょうのぎょうだいす》、⑩大円《だいえんの》草《そう》、⑪引次《ひきつぎ》、の3つを取得すれば、上級（助講師）の資格が得られる。所定の手続きをすることで、自分の生徒を募集できるようになる。⑫真之行台子《しんのぎょうだいす》、⑬大円真《だいえんのしん》、⑭正引次《せいひきつぎ》、の3つに合格すると、「講師」に。その後は「専任講師」「助教授」と位が上がっていく。

こうした家元制度において、新しく誕生した「先生」（裏千家で言えば「助講師」）は、自分の門下生を集めることが可能になる。しかし、その組織から独立しているわけではないので、「先生」になってからも、その上の先生の元に通い続ける。いわば、最終的に1

人の家元（組織）のところにお金が集まる仕組みになっているのだ。
スキューバ・ダイビングも、言ってみれば「家元制度」である。

監督なしで水深18ｍまで潜ることのできる「オープンウォーター・ダイバー」、水深30ｍまで潜れる「アドバンスド・オープン・ウォーター・ダイバー」、緊急時の応急処置ができる「レスキュー・ダイバー」、アマチュアでは最高ランクの「マスター・スクーバ・ダイバー」。その先は「先生」となるランクで、「ダイブ・マスター」、「アシスタント・インストラクター」、「インストラクター」と上がっていく。

つまり、日本の伝統的な「家元制度」も、「横展開」の発想で眺めれば、ビジネスモデルとして活用できるのだ。すぐに思いつくだけでも、ＩＴ技術者やリフレクソロジー、カウンセリングなど、さまざまなビジネスに「家元制度」が援用されていることがわかる。

新興宗教の「広げ方」もビジネスの参考になる。彼らはゼロから組織を立ち上げている。そこからどうやって組織を拡大したのか？　男性信者と女性信者へのアプローチを変えたのか？　地域を任せる人材の育成と任命はどうやったのか？　世の中には「横展開」のアイデアが山ほど埋もれているのだ。

おわりに――「0から1」の次は「1から100」を目指せ

「カイゼン」だけでは成長は覚束ない

20世紀のビジネスの3要素は「ヒト・モノ・カネ」と言われたが、それが今や「クラウドソーシング」「クラウドコンピューティング」「クラウドファンディング」という「3つのクラウド」で代替できるようになり、少人数でも（極端に言えば1人でも）、あるいは設備や資金がなくても、新たなビジネスが展開できる時代になった。

つまり、従業員は、クラウドソーシングで国内外の人材に外注すれば、これまでの数分の1から数十分の1のコストで済む。ハードウエアやソフトウエアは、クラウドコンピューティングを利用すれば、巨大なサーバーなどを自前で持つ必要はなく、スケーラブル（規模の拡大が可能）だ。また多くのアプリも廉価に利用できるようになっている。事業資金も、良いアイデアであればクラウドファンディングによって不特定多数の人たちから容易に調達することができる。新興ベンチャーキャピタル（ＶＣ）の増加も、資金調達を容易にしている。

今やアメリカ最大のＶＣは、かつて自らが起業した経験を持つ「アンドリーセン・ホロウィッツ」だ。インターネット閲覧ソフトのモザイクやネットスケープを開発したマーク・アンドリーセンと、ソフトウエア企業オプスウェアのＣＥＯを務めたベン・ホロウィッツが２００９年に創業した会社である。同社の場合は、共同創業者の２人が自分たちの金を元に投資しているため、すべて他人から預かった金を運用している大手ＶＣより決断が速く、リスクも取れるという強みがある。

日本でも、スタートアップ（ベンチャーの中でも、新しいビジネスモデルを開発して短期間で大きな成長を目指す企業）を対象にしたＶＣが次々に誕生している。そこではカネを出すだけではなく、新ビジネスのために優秀な即戦力の人材を紹介するなど、「０から１」を創り出そうとする人々のための環境が生まれ始めた。

そうした変化が起きた結果、世界的にビジネスの成否を見極めるスピードが著しく速くなった。今は創業2～3年で「0から1」を生み出して黒字化できるかどうか、メドをつけるのが一般的だ。3年目までに黒字化のメドがつけば、そこから先は、やはり「3つのクラウド」を活用することによって「1から100」へ、「100から1万」へと、エクスポーネンシャル（指数関数的）にスケールを拡大していくことが可能になる。

ところが日本では、明治以来の「欧米に追いつけ、追い越せ」型で突き進んできたメンタリティの影響によって、今も古いビジネスモデルにとらわれたまま成長を目指す企業が多い。

「カイゼン」や「軽薄短小」という言葉があるように、これまで日本企業はすでにあるものをより良くすることや軽く薄く短く小さくすることで成長してきた。つまり「0・3を0・5」にしたり「0・7を0・85」にしたりすることが得意なのである。もちろん、それはそれで悪いことではないし、その方法で世界トップになった日本企業もあった。しかし、これからの時代は「0から1」を生み出さないと、生き残っていくことはできないのである。

日本で「0から1」を生み出した注目ベンチャーの考え方

さらに「0から1」を生み出したら、そのまま「1から100」まで一気に広げられるようにしなければならない。そのためには、最初からグローバル化を前提とした企業の仕組みと組織が必要だ。

これまでのグローバル化は、日本企業であれば、国内にメドがつけば次にアメリカに展開し、ASEAN、そしてヨーロッパ……というように、段階を踏んで少しずつ国別・地域別に現地法人を設立しながらネットワークを拡大していった。

しかし今は、かつて私が「スプリンクラーモデル」と名づけたような、瞬時に世界中に事業展開できる組織と経営システムを構築しておかねばならない。

その好例が、本書でも紹介したスマートフォンのアプリを使ったタクシー配車サービス「ウーバー」と、個人の空き部屋を有料で貸し出す「民泊」をネット上で仲介する「エアビーアンドビー」である。

両社は世界中で事業を展開しているが、従来の日本企業の海外進出のように国ごとに少しずつ広げて現地法人の人材を育てるという手法ではない。1つのわかりやすいコンセプトとサービス内容、それを支える経営システムを固めていたからこそ、生まれて数年で一気にグローバル化することができたのだ。それが世界最先端の企業形態である。

これが可能になっているのは、言うまでもなくスマホセントリック（スマートフォン中心）の「エコシステム（生態系）」が世界全体に広がっているからだ。つまり、スマホベースの事業コンセプトなら世界各地で一気に事業を展開できるので、国別のシステムを作る必要がないのだ。

日本でも「0から1」を生み出したベンチャー企業が、いくつか登場している。

たとえば、ホームセキュリティの「セーフィー（Safie）」。同社は170度の超広角レンズで、赤外線ナイトビジョン対応の防犯カメラを1万9800円で販売し、それを玄関やテラス、ベランダなどの外に設置しておけば、いつでもライブ画像を見ることができるというサービスを展開している。何か動きがあったらアラートがスマホに届く機能もあり、月額1200円で7日間分の動画が自動保存される。屋内に設置すれば子供やペットの見守りにも使える。

あるいは、ネット印刷サービスの「ラクスル」。こちらは全国の印刷会社をネットワーク化し、機械の非稼働時間を活用することで、チラシやパンフレット、カタログ、ポストカード、名刺などの印刷物を低価格で提供するサービスだ。印刷機は固定費だから、稼働率を高めることが重要だ。そこに目をつけて、印刷機の空き時間を安く使うという仕組みである。

この両社のビジネスモデルは、海外に展開して「1から100」にできる可能性があると思う。

ただし、「1」になったことで安心し、国内で隣接領域のビジネスに多角化していくと、「1・2」か「1・3」にしかならない。これは日本企業によくあるパターンだが、事業というのは屏風と同じで、広げすぎたら倒れるのだ。

「1から100」を生み出すためには、「1」になった事業を横方向に広げるのではなく、気を散らさず、脇目も振らず、同じ方向に深く追求して世界へ広げ、「100」を目指さなければならない。

企業の中で新規事業を創出するための条件

今は企業の中で新規事業を立ち上げようという動きも多い。その場合に大事なのは「外部の力を巻き込む」こと、「会社が余計な口を出せない（出さない）ようにする」こと、「成功した時のインセンティブを約束しておく」ことだ。

まず、外部の力を巻き込むことが重要な理由は、会社側に〝生殺与奪の権〟を握らせないためである。

具体的には、プロジェクトボードを作るなどして社外から有力な人材を入れ、その人たちが会社に対して十分な発言力を持つようにする。外部の資本を一部入れる方法でもよい。そうすれば、社長であってもその人たちの意見を遮るのは難しくなり、新規事業を立ち上げた人たちが孤立して会社と対峙する局面に追い込まれることがなくなる。

また、新規事業がうまく回り始めると、必ず会社は（とくに人事権で）口を出してくる。多くの場合はプロジェクトを管理・監督するポジションの上司が本社部門から入ってきて、その人が会社とのコミュニケーションを奪うようになるのだ。そうなると、たいてい若いプロジェクトは一転、失敗に向かう。

会社側も、そんな人事でせっかくうまく回り始めたビジネスをつぶしてはならない。新規事業が大成功して子会社などとして独立させる場合は、プロジェクトを担当した者へのインセンティブの仕組みが必要となる。

それをやった事例の1つはソニーだ。盛田昭夫氏がCBS・ソニーレコード（現在のソニー・ミュージックエンタテインメント）を設立した時、社長を任せた大賀典雄氏に株を大量に渡したのである。大賀氏はしゃかりきになって人気歌手を発掘・育成し、CBS・ソニーレコードの新規上場によって、サラリーマン社長でありながら日本のリッチマンに加わった。その資産で軽井沢町に「大賀ホール」を寄付したくらいである。

インセンティブの仕組みが必要な理由は2つある。まず、キャピタルゲインという「ニンジン」を鼻先にぶら下げれば一生懸命に働くからだ。

もう1つは、新しいプロジェクトを成功に導いた人材が人事権や株式のマジョリティを持てる仕組みにしておかないと、やはり会社側が人事権を振りかざしたり、株主権を行使して事業をあさっての方向にコントロールしたりして、失敗に向かうからである。

しかし、そのような制度を作り上げている日本企業は、寡聞にして知らない。

社内ベンチャーの果実を会社が取るのは、初期投資とリスクテイクを考えれば、ある意味正しい。ただし、成功した暁にいかに処遇し、報奨するかというルールは、会社の制度としてきちんと決めておくべきである。そうでないと、会社も社員もハッピーになれない。逆に言えば、すべての果実を会社と一部の上層部が握ろうとする会社からは、新しいビジネスの芽は出てこない。

個人にとっても企業にとっても、「0から1」を生み出すチャンスは目の前にある時代が到来した。それをものにするためには、変化に対応できる組織と人材の発掘がカギとなる。

最後の1回で勝利すればいい

「やることすべて、成功する必要はない。何回失敗しようが、最後の1回で成功すれば、成功者と呼ばれる」

本編でも紹介したアメリカのスポーツメーカー「ナイキ」の創業者フィル・ナイト氏が

よく語っていた言葉である。

実は、日本の経営者からも、同じようなことを言われた経験がある。任天堂の社長（3代目）を50年余り務めた故・山内溥《ひろし》氏だ。それまで花札やトランプを製造・販売していた任天堂を、携帯型ゲーム機「ゲーム&ウオッチ」や家庭用ゲーム機「ファミリーコンピュータ」投入で世界的なゲームメーカーに育て上げた〝中興の祖〟である。

彼は、いつもこんなことを口にしていた。

「我々の世界は大相撲と違って1勝14敗でもやっていける。肝心なのは1勝できるかどうかだ」

山内氏は「大企業は失敗を恐れて、8勝7敗でいいと思っているから怖くない」とも語っていた。14回連続で負けようが、最後の1回で勝利すれば、それでいいと言うのである。

これは、まさにイノベーションに必要な発想である。

すべてのアイデアや発想が、成功に結びつくことはない。今までの常識を覆すような試みが、簡単に成功するはずもない。だが、そのことを恐れて堅実な道を探ろうとしていては、イノベーションは起こせない。既成概念にとらわれていたら、新しいものは生まれない。せいぜい、これまでの延長線上で前任者より成績を落とさないようにするのが精一杯だ。

1回でいいのだ。たった1勝でいい。激変する社会に生きる私たちは、大きな勝負をするべきなのである。

だが、これは博打ではない。何のデータも裏づけもなく、勘を頼りに勝負するのは、ビジネスではない。そこで、本書で紹介した発想法が役立つのである。

これらの発想法は、私が長年コンサルティングに携わる中でさまざまな壁にぶつかり、限界を突破しなければならない時に用いてきたものである。本書を一読したからといって明日から使えるわけではないだろうが、日常のビジネスの場で繰り返しトレーニングしているうちに必ずあなたの血肉となり、意識しなくても頭が働くようになるはずだ。

現代のビジネス世界は個人個人の生み出したアイデアによって変革され、動いている。あなたにとっての「1勝」を実現してもらいたい。

大前研一［おおまえ・けんいち］

1943年福岡県生まれ。経営コンサルティング会社マッキンゼー・アンド・カンパニー・インク入社後、本社ディレクター、日本支社長、アジア太平洋地区会長を歴任し、94年に退社。現在、ビジネス・ブレークスルー（BBT）代表取締役、BBT大学学長などを務め、日本の将来を担う人材育成に力を注いでいる。著書に『企業参謀』『新・資本論』などのロングセラーのほか、『日本の論点』『世界の潮流』シリーズや『低欲望社会』『経済を読む力』『「国家の衰退」からいかに脱するか』『新・仕事力』『稼ぎ続ける力』『経済参謀』『第4の波』など多数。

編集：工藤一泰・関 哲雄

発想力
「0から1」を生み出す15の方法

二〇一八年 十二月五日 初版第一刷発行
二〇二三年 四月二十二日 第三刷発行

著者 大前研一
発行人 三井直也
発行所 株式会社小学館
〒一〇一－八〇〇一 東京都千代田区一ツ橋二ノ三ノ一
電話 編集：〇三－三二三〇－五九五一
販売：〇三－五二八一－三五五五

印刷・製本 中央精版印刷株式会社
編集協力 中村嘉孝・角山祥道
本文DTP ためのり企画

Printed in Japan ISBN978-4-09-825336-4